TIERKINDER DER WILDNIS

Text John Woodward, Caroline Stamps
Illustrationen Sanya Jain
Beratung Derek Harvey
Lektorat Jonathan Metcalf, Liz Wheeler, Andrew Macintyre, Shaila Brown, Rachel Fox
Gestaltung und Bildredaktion
Karen Self, Smiljka Surla, Anna Pond, Laura Barwick, Owen Peyton Jones, Jagtar Singh
Umschlaggestaltung Stephanie Tan, Sophia MTT
Herstellung Robert Dunn, Meskerem Berhane

Für die deutsche Ausgabe:
Verlagsleitung Monika Schlitzer
Programmleitung Heike Faßbender
Redaktionsleitung Martina Glöde
Projektbetreuung Natalie Capalija
Herstellungsleitung Dorothee Whittaker
Herstellungskoordination Bettina Bähnsch, Bianca Isack
Herstellung und Covergestaltung Verena Marquart

Titel der englischen Originalausgabe:
Born to be wild

Übersetzung Andreas Held, Manuela Held
Lektorat Carola von Kessel

ISBN 978-3-8310-4891-5

Druck und Bindung Golden Prosperity Printing & Packaging (Heyuan) Co., Ltd.

MIX
Papier | Fördert gute Waldnutzung
FSC® C018179

www.dk-verlag.de

TIERKINDER DER WILDNIS

INHALT

Start ins Leben 6

SÄUGETIERE

Gepard 8
Sattelrobbe 12
Elefant 14
Seeotter 18
Gorilla 20
Giraffe 22
Eisbär 26
Großer Panda 30
Erdmännchen 34
Löffelhund 38
Löwe 40
Braunbär 44
Biber 48
Jaguar 52
Koala 54
Luchs 56
Makak 58
Leopard 62
Orang-Utan 64
Zebra 68
Faultier 70
Flusspferd 72
Schimpanse 76
Opossum 78
Nashorn 82
Känguru 84
Steinbock 86
Buckelwal 90
Seekuh 92

VÖGEL

Flamingo 94
Haubentaucher 98
Pinguin 100
Kuckuck 104
Strauß 106
Kauz 108
Brautente 112
Specht 114
Albatros 116
Steinadler 120

REPTILIEN

Meeresschildkröte 122
Krokodil 124
Komodowaran 128
Chamäleon 130

FISCHE

Clownfisch 140
Seepferdchen 144
Kieferfisch 146

AMPHIBIEN

Frosch 132
Axolotl 136
Molch 138

WIRBELLOSE

Honigbiene 148
Brutwanze 152
Schmetterling 154
Krake 156

Glossar 158
Dank und Bildnachweis 160

EIN BABY AUFZIEHEN

Eine Orang-Utan-Mutter hat fast immer nur ein Baby. Und sie bekommt auch in den nächsten sechs Jahren kein weiteres. So kann sie sich voll und ganz um ihr Junges kümmern. Sie beschützt es und bringt ihm alles Wichtige bei, sodass es einen hervorragenden Start ins Leben hat. Solche Fürsorge durch die Eltern ist typisch für intelligente Tiere wie Menschenaffen und Elefanten. Sie können auch neue Dinge lernen und sich daran erinnern.

Dieses Orang-Utan-Baby kann 30 Jahre oder sogar noch älter werden, wenn sein Lebensraum, der Regenwald, erhalten bleibt.

Eier und Babys

Die meisten weiblichen Tiere legen Eier. Darin entwickelt sich ihr Nachwuchs, wie bei diesen Froscheiern. Die Eier von Vögeln und Reptilien haben eine wasserdichte Schale, damit sie nicht austrocknen. Bei den meisten Säugetieren und manchen anderen Tierarten wachsen die Jungen vor der Geburt im Körper der Mutter heran.

Hilflos oder aktiv?

Bei vielen kleinen Vögeln und auch großen Tieren wie Bären sind die Jungen zunächst nackt, blind und völlig hilflos. Sie benötigen daher die Fürsorge ihrer Eltern. Andere Jungtiere wie Antilopen und Enten sind bei der Geburt oder beim Schlüpfen schon so weit entwickelt und aktiv, dass sie für sich selbst sorgen können.

START INS LEBEN

Für viele Tierkinder ist das Leben ein Glücksspiel. Ihre Mütter legen eine große Menge Eier oder gebären zahlreiche Junge und überlassen diese dann ihrem Schicksal. Nur wenige dieser Jungen überleben. Die meisten werden von anderen Tieren gefressen. Bei manchen Tierarten ist das anders. Sie bekommen nur wenige Babys und kümmern sich um ihren Nachwuchs. Diese Jungtiere lernen von ihren Eltern, wie man überlebt.

Verwandlung
Egal, wie hilflos sie sind: Die meisten Jungen von Vögeln und Säugetieren sehen schon aus wie Miniausgaben ihrer Eltern. Viele andere Tiere schlüpfen aber als Larve, die eine völlig andere Gestalt hat als das erwachsene Tier. Die Larve eines Schmetterlings heißt Raupe. Erst durch eine vollständige Verwandlung wird aus ihr ein Schmetterling.

Instinkt und Lernen
Alle Tiere haben angeborene Instinkte, die ihnen helfen zu überleben. Manche Babyspinnen können schon Netze weben, um Beute zu fangen. Tiere mit einem großen Gehirn wie dieses Gepardenjunge müssen in ihrer Kindheit noch vieles lernen. Sie entwickeln und verbessern ihre Fähigkeiten, indem sie ihre Mutter nachahmen und Fehler machen.

Von den Augenwinkeln verlaufen schwarze Tränenstreifen zu den Maulwinkeln. Möglicherweise dienen sie dem Schutz der Augen vor der grellen Sonne.
Das Jugendfell von Geparden ist im Nacken und am Rücken besonders lang und flauschig. Im Alter von etwa zwei Jahren verschwindet dieses schützende Fell.
Im Fell von Geparden sind etwa 2000 dunkle Flecken verteilt. Bei Jungtieren können sie noch undeutlich sein.
Der letzte Abschnitt des Schwanzes ist schwarz geringelt. Das wird aber erst mit zunehmendem Alter der Jungtiere sichtbar.
Im Gegensatz zu anderen Katzen kann der Gepard seine Krallen nicht ganz einziehen. Dadurch geben sie den Jungtieren beim Rennen guten Halt.

Die Zähne kommen
Im Alter von etwa drei Wochen bekommen Geparden die ersten Zähne. Es bereitet ihnen wie den Menschenbabys leichte Schmerzen, wenn die Zähne durch das Zahnfleisch dringen. Das Kauen auf einem Stück Holz lindert diese Schmerzen ein wenig.

GEPARD

Junge Geparden wachsen zu den schnellsten Landtieren heran.

Neugeborene Geparden sind völlig hilflos und wiegen nur etwa 300 Gramm – ungefähr so viel wie zwei Bananen! Erst nach einigen Tagen öffnen sie ihre Augen. Ihre Mutter versteckt sie im hohen Gras der afrikanischen Savanne und bewacht sie. Damit die Kleinen nicht von Raubtieren wie Löwen und Hyänen entdeckt werden, bringt die Mutter sie immer wieder in neue Verstecke. Trotzdem erreichen nur sehr wenige Jungtiere das Erwachsenenalter.

In der freien Natur überlebt nur **einer von zehn jungen Geparden**.

Jagen lernen
Junge Geparden müssen lernen, wie man jagt, damit sie später für sich selbst sorgen können. Wenn sie wenige Monate alt sind, begleiten sie ihre Mutter auf Jagdausflüge. Die Mutter fängt auch lebende Beutetiere, damit die Jungen daran das Jagen üben können. Durch Verfolgen und Anspringen der Beute verbessern sie ständig ihre Fertigkeiten.

SCHNELL UND GESCHMEIDIG

Mit ihren langen Beinen und der beweglichen Wirbelsäule haben Geparden den perfekten Knochenbau für schnelle Sprints. Auch ihr geschmeidiger Körper und kräftige Beinmuskeln tragen dazu bei, dass sie ihre Beine sehr lang ausstrecken und besonders gut rennen können. Schon als Jungtiere sind sie schneller als ihre Beute. Ausgewachsene Geparden erreichen Geschwindigkeiten bis zu 100 km/h. Das macht sie zu den schnellsten Landtieren der Welt.

SPIELZEIT MIT MAMA

Eine Gepardenmutter bekommt pro Wurf ein bis acht Junge. Sie zieht die Kleinen alleine auf und beschützt sie. Die Mutter bringt ihnen auch bei, wie man jagt und Gefahren vermeidet. Die Jungtiere spielen viel miteinander und mit ihrer Mama. Dabei üben sie Verfolgen, Fangen und Anspringen.

FELLFARBEN

Neugeborene
In den ersten Tagen nach der Geburt sieht das Fell einer kleinen Sattelrobbe noch gelblich weiß aus. Diese Färbung stammt vom Fruchtwasser im Bauch der Mutter. Nach einigen Tagen wird es dann vollkommen weiß.

Jungtiere
Im Alter von zwei bis drei Wochen fällt das weiße Fell aus und ein silbergraues Fell mit dunklen Flecken wächst nach. Sattelrobben machen ihr Leben lang einmal im Jahr einen Fellwechsel durch.

Erwachsene
Die Sattelrobben sind nach der sattelförmigen dunklen Zeichnung auf dem Rücken der erwachsenen Männchen benannt. Bei Weibchen ist das Muster nicht immer vorhanden.

SATTELROBBE

Sattelrobben werden auf dem Eis geboren und sind schon kurz danach auf sich gestellt.

Die weiblichen Sattelrobben bekommen ihre Babys an einem ganz besonderen Ort: auf dem Treibeis im Nordpolarmeer. Wenn die Ausdehnung des Eises im bitterkalten arktischen Winter ihren Höhepunkt erreicht, kommen Tausende von Robbenmüttern aus dem Wasser. Es ist unglaublich, aber die Jungen werden nur zwölf Tage mit Muttermilch ernährt. Die meisten anderen Säugetiere werden länger gestillt.

Sattelrobbenbabys brauchen ihr dichtes, wärmendes Fell. Erst im Lauf der Zeit entwickelt sich die Kälte abweisende Fettschicht unter der Haut, die man Blubber nennt.

WÄRMENDER PELZ

Sattelrobben werden mit einem dichten, weißen Fell aus unzähligen feinen Haaren geboren. Es hält den Körper warm und schützt die Jungen vor dem Auskühlen. Das klappt aber nur bei trockenem Fell. Deshalb gehen die Jungtiere erst nach ein paar Wochen ins kalte Meer, wenn der Fellwechsel zum kurzen Erwachsenenfell abgeschlossen ist.

Reichhaltige Milch
Die Muttermilch von Sattelrobben ist so nährstoffreich, dass die Babys jeden Tag etwa 2 kg zunehmen. Die Mutter verliert während des Säugens kaum Gewicht, weil sie weiter Fische jagt. Bei anderen Robbenarten nehmen die Weibchen während der Stillzeit gar nichts zu sich.

Die Augen von Sattelrobben haben keine Tränenkanäle. Daher können Tränen nicht abfließen und die Robben sehen oft aus, als hätten sie geweint.

ELEFANT

Ein Elefantenbaby bleibt jahrelang bei seiner Mutter und lernt dabei, was es zum Überleben braucht.

Elefanten sind die größten lebenden Landtiere und zählen zu den intelligentesten Tieren auf der Erde. Sie haben ein sehr gutes Gedächtnis und können leicht Probleme lösen. Elefanten werden ungefähr so alt wie Menschen und haben eine ähnlich lange Kindheit. In dieser Zeit erlernen sie alle Fertigkeiten, die ihnen in den Savannen und Regenwäldern von Afrika und Südasien beim Überleben helfen.

ERSTE SCHRITTE

Schon innerhalb einer Stunde nach der Geburt kann ein Elefantenbaby laufen, nach ein bis zwei Tagen sogar schon weitere Strecken. Trotzdem ist es für das Baby sehr beruhigend, wenn die Mutter es mit dem Rüssel durch das Gras der Savanne leitet.

Afrikanische Elefanten können über ihre großen Ohren überschüssige Wärme abgeben.

Stoßzähne

Die Stoßzähne von Elefanten sind verlängerte Schneidezähne. Sie erscheinen kurz nach der Geburt und wachsen das ganze Leben lang. Ein Elefantenbaby lernt von seiner Mutter, wie man damit essbare Rinde von Bäumen abschält oder Pflanzenwurzeln ausgräbt. Bei den Afrikanischen Elefanten besitzen Männchen und Weibchen Stoßzähne.

Rüssel

Auch den Einsatz des Rüssels lernt ein Elefantenbaby von seiner Mutter. Der Rüssel ist stark, beweglich und mit einem feinen Tastsinn ausgestattet. Mit ihm kann ein Elefant Nahrung vom Boden oder von Bäumen aufnehmen, Wasser aufsaugen und trompeten. Beim Durchqueren von tiefen Flüssen dient er sogar als Schnorchel.

Die kräftigen Beine müssen später einmal das Gewicht des schwersten Landtieres der Welt tragen.

An den kurzen Stoßzähnen erkennt man, dass dieses Weibchen noch jung ist.

Durch sanftes Anstupsen mit dem Rüssel zeigt die Mutter ihrem Kind den Weg.

Ein Elefantenbaby ist spärlich braun oder rostrot behaart. Im Erwachsenenalter wird die Behaarung immer weniger.

FALTEN UND RISSE

Mit zunehmendem Alter wird die Haut eines Elefantenbabys dicker und faltiger und bekommt zahlreiche Risse. Abgestorbene Haut schält sich nämlich nicht ab, sondern bildet auf der Oberfläche eine dicke Schicht.

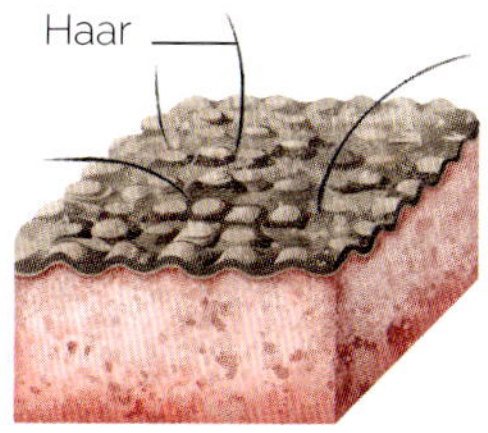

Haut beim Neugeborenen
Die Haut eines Elefantenbabys ist uneben, aber nicht besonders dick. Die einzelnen Höcker bestehen aus einer Schicht lebender Hautzellen, die von einer Schicht teils abgestorbener Hautzellen bedeckt sind. Die Haut schützt das Baby vor Kratzern und Schürfwunden.

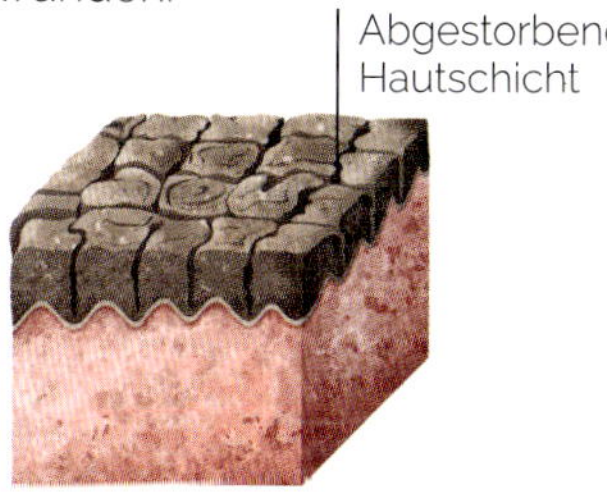

Haut beim erwachsenen Elefanten
Im Lauf des Elefantenlebens wird die Schicht abgestorbener Haut dicker und bekommt mehr Falten und Risse. Beim Baden füllen sich die Risse mit Wasser und Schlamm. Das schützt den Elefanten vor Sonnenbrand und hält ihn angenehm kühl.

LEBEN IN DER HERDE

Afrikanische Elefanten wachsen in Herden aus verwandten Weibchen und ihren Kälbern auf. Angeführt wird jede Herde vom erfahrensten Weibchen, der Matriarchin. Sie weiß, wo man Nahrung und Wasser findet. Alle erwachsenen Weibchen helfen mit, die Jungen zu beschützen und anzulernen. Weibliche Jungtiere bleiben bei der Herde. Männliche Elefanten verlassen die Gruppe, sobald sie alt genug sind.

WARM UND SICHER

Seeotter haben von allen Tieren das dichteste Fell. Auf einem Quadratzentimeter Haut wachsen bis zu 150 000 Haare. Der dicke Pelz hält die Seeotter im kalten Meer warm – aber nur, wenn er gut gepflegt wird. Für die Seeotterbabys übernehmen die Mütter die notwendige Fellpflege.

Auf dem Wasser treiben

Eine Seeottermutter pflegt das Fell ihres Babys täglich mehrere Stunden, damit es sauber, trocken und flauschig bleibt. Dadurch wird im Fell so viel Luft eingeschlossen, dass kein kaltes Wasser an die Haut gelangt. Die eingeschlossene Luft funktioniert aber auch wie eine Schwimmweste: Sie gibt dem Jungen so viel Auftrieb, dass es an der Wasseroberfläche treibt. Selbst wenn es einschläft, kann es deshalb nicht ertrinken.

Fest verankert

Im Flachwasser des Nordpazifiks wachsen am Meeresboden riesige Seetange, die man Kelp nennt. Sie bilden dichte Unterwasserwälder. Ihre langen Blätter reichen bis zur Oberfläche. Wenn Seeotter sich und ihre Jungen darin einwickeln, können sie im Schlaf nicht von Strömungen abgetrieben werden. Die Otter gehen in den Unterwasserwäldern auch auf die Jagd nach stacheligen Seeigeln, Meeresschnecken und anderen Tieren.

UNTER MAMAS SCHUTZ

Eine Seeottermutter hat normalerweise jedes Jahr nur ein einzelnes Junges. So kann sie dem Kleinen ihre ganze Aufmerksamkeit schenken. Die braucht das Baby auch, denn es kann zunächst noch nicht schwimmen. Daher klammert es sich die meiste Zeit an das Bauchfell der Mutter. Sie hält es gut fest, solange es schläft. Wenn es wach ist, säugt sie es mit nährstoffreicher Milch. Das macht sie mehrere Monate lang und lässt das Junge immer nur kurz allein auf dem Wasser treiben, wenn sie auf Nahrungssuche geht.

Schon bei der Geburt haben Seeotter ein dichtes, flauschiges Fell. Das hält sie nicht nur warm, sondern auch über Wasser.

Bis zu **vier Stunden** am Tag pflegt die Mutter das Fell ihres Babys.

SEEOTTER

Bei den Seeottern kümmern sich die Mütter liebevoll um ihren Nachwuchs.

Im Gegensatz zu anderen Ottern verbringen die Seeotter an der Küste des Nordpazifiks ihr ganzes Leben im Meer. Sie jagen, fressen und schlafen im Wasser und gebären dort sogar ihre Babys. Der dichte Pelz der Kleinen schließt so viel Luft ein, dass sie wie Korken auf dem Wasser treiben. So sind sie sicher, wenn ihre Mütter am Meeresgrund Nahrung suchen.

Seeotterbabys verbringen viel Zeit schlafend auf dem Bauch ihrer Mütter.

Mit ihren langen, empfindsamen Tasthaaren spüren Seeotter unten im dunklen Wasser ihre Beute auf.

GORILLA

Junge Gorillas bleiben bei ihrer Mutter, bis diese ihr nächstes Baby bekommt.

Gorillas sind die größten und kräftigsten Menschenaffen. Sie leben in den Wäldern von Zentralafrika. Gorillababys werden von ihren Eltern hingebungsvoll versorgt. Jede Familiengruppe wird von einem durchsetzungsstarken Männchen angeführt. Dieses paart sich mit mehreren Weibchen und ist somit der Vater aller Jungtiere der Gruppe. Das Gorillamännchen beschützt die Gruppe vor Gefahren, während sich die Mütter um ihre Kinder kümmern.

NEUES LEBEN

Im Alter von acht bis zehn Jahren kann sich ein Gorillaweibchen das erste Mal fortpflanzen. Danach wird es ungefähr alle vier Jahre schwanger. Das Ungeborene wächst in der Gebärmutter langsam heran und kommt dann nach achteinhalb Monaten zur Welt. Ein neugeborener Gorilla wiegt etwa halb so viel wie ein Menschenbaby. Sein zunächst noch spärliches Fell wird rasch dichter.

Wie bei fast allen Säugetieren entwickelt sich das Baby in der Gebärmutter des Weibchens.

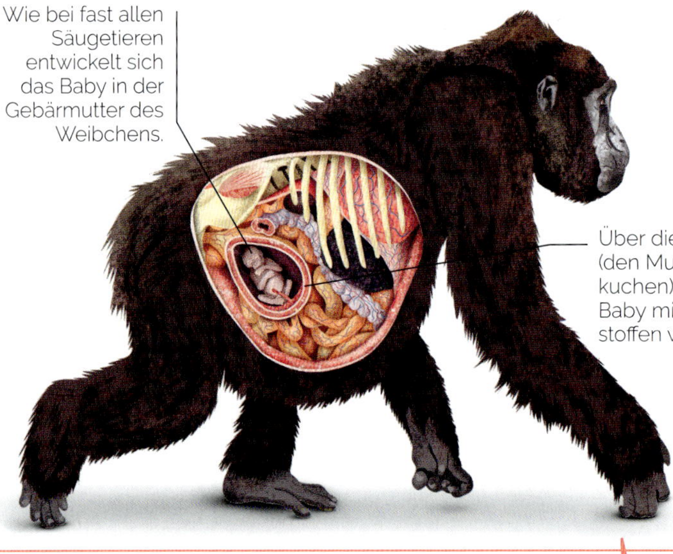

Über die Plazenta (den Mutterkuchen) wird das Baby mit Nährstoffen versorgt.

IMMER BEI MAMA

Die Gorillamutter und ihr Baby haben eine enge Bindung. Zunächst klammert sich das Neugeborene an der Brust der Mutter fest – bis es groß genug ist, um auf ihrem Rücken zu reiten. So können sie sich sicher und bequem miteinander fortbewegen. Die gemeinsame Zeit endet erst, wenn nach einigen Jahren das nächste Baby geboren wird. Die Mutter und ihr Kind bleiben aber auch dann eng verbunden.

Der sicherste Platz für den kleinen Babygorilla ist auf dem Rücken seiner Mutter.

Wer ist wer?
Gorillagruppen bestehen meist aus zehn bis zwanzig erwachsenen Tieren. Jede Gruppe wird von einem dominanten Silberrücken angeführt. So nennt man ein Männchen, dem im höheren Alter silbrig graues Fell auf dem Rücken wächst. Die übrige Gruppe besteht aus jüngeren Männchen mit schwarzem Rücken, erwachsenen Weibchen und Jungen.

Gorillamütter haben im Lauf ihres Lebens nur **drei oder vier Babys**.

GEBURT EINER GIRAFFE

Kopfüber
Ein Giraffenbaby kommt mit dem Kopf voran und nach vorne ausgestreckten Vorderbeinen zur Welt. So werden Mutter und Kind bei der Geburt trotz des langen Halses und der festen Hufe nicht verletzt.

Tief hinunter
Das Giraffenkalb fällt aus einer Höhe von etwa 2 m auf den Boden. Bei diesem Sturz auf den Kopf wird es aber nicht verletzt. Der Aufprall hilft dem Kalb sogar, seinen ersten Atemzug zu machen.

Die ersten Schritte
Bei den vielen Raubtieren in der Umgebung bleibt keine Zeit sich auszuruhen. Innerhalb von nur einer Stunde nach der Geburt muss das Kalb lernen zu stehen, zu gehen und sogar zu rennen.

GIRAFFE

Die größten Babys der Welt

Kaum ein Tierkind ist beeindruckender als ein Giraffenbaby. Bei seiner Geburt ist es bereits 1,80 m hoch – so groß wie ein durchschnittlicher erwachsener Mann. Auch wenn seine Beine bei der Geburt wie Stelzen aussehen, kann es innerhalb von nur einer Stunde laufen und rennen. Das ist wichtig, damit es mit seiner Mutter mithalten und vor Feinden fliehen kann.

HALSWIRBEL

Mit ihrem langen Hals können Giraffen Blätter hoch oben in den Baumkronen fressen, die für andere Tiere nicht erreichbar sind. Bei der Geburt kann der lange Hals jedoch ein Problem darstellen. Die Giraffenmutter muss im Stehen gebären, damit der lange Hals des Babys nicht verletzt wird.

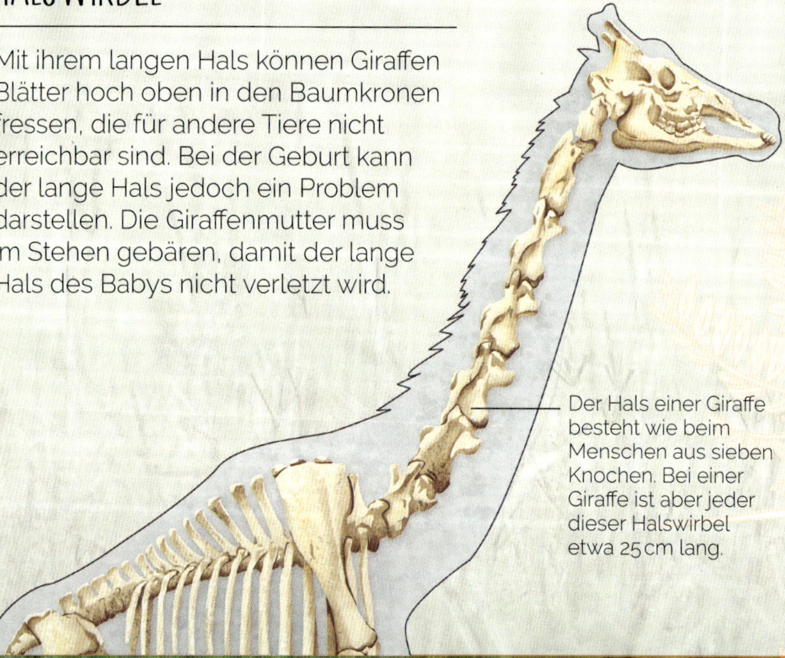

Der Hals einer Giraffe besteht wie beim Menschen aus sieben Knochen. Bei einer Giraffe ist aber jeder dieser Halswirbel etwa 25 cm lang.

Wachsame Mama

Trotz ihrer Größe sind Giraffenkälber eine leichte Beute für Löwen, Leoparden und Krokodile. Daher hält die Mutter stets nach Gefahren Ausschau. Weil sie weit blicken kann, erspäht sie Raubtiere oft schon aus der Ferne. Giraffen schlafen gewöhnlich sogar im Stehen, nicken aber immer nur für ein paar Minuten ein. Kommt ein Raubtier zu nahe, schägt die Mutter kräftig mit den Hinterbeinen nach ihm aus.

Zungenfertig

Mit ihrer beweglichen blauschwarzen Zunge kann eine Giraffe Blätter greifen und von Zweigen streifen. Die Zunge einer erwachsenen Giraffe ist etwa 50 cm lang.

Auf dem Kopf haben Giraffenbabys hornähnliche Auswüchse. Man nennt sie Knochenzapfen. Sie werden mit zunehmendem Alter härter. Kämpfende Männchen setzen sie auch als Waffen ein.

Bei Jungtieren ist der Hals im Verhältnis zum Körper kürzer als bei erwachsenen Giraffen.

SANFTE RIESEN

Die Tragezeit einer Giraffenmutter dauert etwa 15 Monate. In der Regel bekommt sie jeweils nur ein Kalb, das abseits der Herde geboren wird. Zuerst leckt sie das Neugeborene trocken, dann ermuntert sie es aufzustehen. Dazu stupst sie es sanft an. Später schließen sich Mutter und Kalb wieder der Herde an. Die Giraffenmütter in einer Herde passen abwechselnd auf ihre Kälber auf.

Nach einem Jahr ist ein Giraffenbaby **doppelt so hoch** wie bei der Geburt.

KINDERGARTEN-HERDE

Ein paar Tage nach der Geburt schließt sich die Giraffenmutter mit ihrem Kalb anderen Weibchen mit Jungen an. Die Mütter der Kindergarten-Herde gehen gemeinsam auf Nahrungssuche und halten nach Löwen und anderen Raubtieren Ausschau. Je mehr Erwachsene aufpassen, desto besser sind die Überlebenschancen für die Jungtiere.

EISBÄR

Eisbärkinder verlassen ihre Höhle im Frühling.

Eisbären sind besonders gut an das bitterkalte Klima des hohen Nordens angepasst. Sie leben im Bereich des Nordpolarmeers. Dort jagen sie auf dem dicken Meereis Robben und andere Tiere. Für die Geburt ihrer Jungen gehen die Weibchen an Land. Sobald die Bärenkinder ihre Kinderstube verlassen können, führt die Mutter sie hinaus aufs Eis. Dort bringt sie ihnen bei selbst zu jagen.

Warmes Fell
Dieser stark vergrößerte Querschnitt durch ein Haar zeigt, dass es innen hohl ist. Die darin enthaltene Luft isoliert zusätzlich vor der Kälte. Dadurch können Eisbären im Winter Temperaturen bis −50 °C aushalten.

Eine kurze, dichte innere Fellschicht schließt Luft ein. Das hält die Jungtiere sogar beim Schwimmen warm.

SCHNEEHÖHLE

Im Herbst gräbt das schwangere Eisbärweibchen eine Höhle in den Schnee. Darin verbringt es im Halbschlaf den Winter und lebt von den Fettreserven, die es sich im Sommer angefressen hat. In der Höhle bringt die Eisbärmutter im Winter ihre Babys zur Welt. Fallender Schnee verschließt die Höhle und hält den Wind ab. Deshalb ist es in der Höhle viel wärmer als draußen.

Eisige Heimat
Eisbären jagen meist auf dem Treibeis in flachen Küstengewässern. Sie bevorzugen Stellen mit offenem Wasser zwischen dem Eis. Denn dort finden sie Robben, ihre wichtigste Beute. Sie wagen sich aber auch auf die arktischen Inseln. Dort trägt die Bärenmutter ihre Jungen manchmal huckepack auf dem Rücken durch den tiefen Schnee.

Mit seinem weißen Fell ist der Eisbär in Schnee und Eis kaum zu erkennen. So kann er sich gut an seine Beute anschleichen.

LEBEN IN DER ARKTIS

Eisbärbabys werden im Winter in einer Schneehöhle geboren, geschützt vor dem bitterkalten Polarwind. In der Regel sind es Zwillinge. Bis zum Frühling werden sie gesäugt, dann folgen sie der Mutter hinaus auf das zugefrorene Meer. Die ersten zweieinhalb Jahre bleiben sie bei ihr. Sie streifen mit der Mutter über das Eis und lernen von ihr zu jagen.

SCHNELLES WACHSTUM

Eisbärbabys sind bei der Geburt blind, zahnlos und unglaublich winzig. Ein Junges ist nicht größer als eine Tatze seiner Mutter. Durch die nahrhafte Muttermilch wachsen die Kleinen aber rasch heran. Sobald sie im Frühjahr groß genug sind, können sie die Höhle verlassen.

Lernen fürs Leben
Wenn die Eisbärfamilie im Frühling aufs Meereis wandert, beginnt die Mutter wieder zu jagen. Dabei hat sie es vor allem auf Robben und deren Junge abgesehen. Die Bärenkinder werden immer noch gesäugt. Aber sie beobachten ihre Mutter beim Jagen und lernen so im Lauf der Zeit, wie es geht. Allmählich fressen sie auch immer mehr Fleisch von frisch erlegter Beute oder von den Überresten toter Tiere wie diesem Wal.

Bären des Meeres
Eisbären sind ausgezeichnete Schwimmer. Erwachsene Tiere können stundenlang schwimmen und dabei über 50 km zurücklegen. Auch das Schwimmen lernen die Jungen von der Mutter. Sie können jedoch nur kurze Strecken bewältigen, weil die Fettschicht unter ihrer Haut noch nicht lange vor dem Auskühlen schützt. Wenn sie doch einmal längere Strecken im kalten Wasser schwimmen müssen, kann es passieren, dass sie erfrieren.

SCHNEEBÄRCHEN

Bisher haben diese drei Monate alten Bärenkinder mit ihrer Mutter im Schutz der Schneehöhle gelebt. Nun sind sie bald alt genug, um ihre eisige Heimat zu erkunden. Die ersten zwei Wochen bleiben sie in der Nähe der Höhle und spielen im Schnee. Ihre Mutter bewacht sie dabei. Zum Schlafen schlüpfen sie wieder in die warme Höhle.

GROSSER PANDA

Pandababys müssen lernen sich an ständiges Fressen zu gewöhnen.

Der Große Panda ist eine Bärenart, die in den Bergwäldern von Zentralchina lebt. Pandas fressen fast ausschließlich Bambus, das ist eine bestimmte Art von Gras. Weil Bambus aber nicht besonders nahrhaft ist, müssen Pandas jeden Tag riesige Mengen davon vertilgen. Selbst wenn eine Pandamutter noch so viel frisst, reicht ihre Milch nur für ein einzelnes Baby. Wenn sie Zwillinge hat, lässt das kräftigere Junge dem anderen zu wenig Milch übrig, sodass das schwächere meist nicht überlebt.

BAMBUS ALS NAHRUNG

Der Große Panda hat große, flache Backenzähne und sehr kräftige Kaumuskeln. Damit kann er den harten Bambus zu Brei verarbeiten. Zum Greifen der Stängel besitzt er eine Art Daumen. Doch sein Verdauungssystem ähnelt dem anderer Bären und eignet sich daher nicht besonders gut zum Verdauen von Pflanzennahrung. Weil der Panda jedem Bissen nur wenige Nährstoffe entziehen kann, ist er fast zwölf Stunden täglich mit Fressen beschäftigt.

Gerade geboren
Ein Pandababy kommt blind, zahnlos und mit fast nackter rosa Haut zur Welt. Obwohl es so klein und hilflos ist, sucht sich die Mutter mit ihm manchmal eine neue Höhle. Dabei trägt sie das Baby im Maul. Im Alter von drei Wochen ist das Fell des Babys schon schwarz-weiß wie das der Mutter. Sechs Monate lang trinkt es ausschließlich Muttermilch. Danach fängt es an Bambus zu fressen.

UNTER MAMAS SCHUTZ

Ein Pandababy bleibt mindestens 18 Monate lang bei seiner Mutter. Sie ernährt es mit Muttermilch, bis es sich an die Nahrung aus Bambus gewöhnt hat. Das kann manchmal ein Jahr dauern. Die Mutter beschützt ihr Baby vor Wildhunden, Schneeleoparden, Adlern und anderen Feinden. Sie trauen sich nicht einen erwachsenen Panda anzugreifen.

Mit seinem schwarz-weißen Fell ist der Panda im schattigen Wald schwer zu sehen.

Das dicke Fell hält den Panda im Winter in seiner verschneiten Bergheimat warm.

ZEIT ZUM SPIELEN

Solange seine Mutter Bambus frisst, kann das Pandajunge in den Bäumen spielen. Dabei hält es sich mit den scharfen Krallen an der Rinde fest und lernt zu klettern und das Gleichgewicht zu halten. Wenn es von einem Raubtier bedroht wird, kann die Flucht auf einen Baum sein Leben retten. Erwachsene Pandas bleiben meist am Boden.

ERDMÄNNCHEN

Erdmännchen leben in großen Familiengruppen.

Diese kleinen Säugetiere bewohnen Wüsten und Savannen im südlichen Afrika. Dort bilden die Erdmännchen enge Familienverbände aus bis zu 40 Tieren, die man auch Kolonien nennt. Meistens bekommt nur das Paar an der Spitze der Rangordnung Nachwuchs. Die anderen erwachsenen Tiere passen abwechselnd auf die Jungtiere auf oder halten Wache. Einige der älteren Erdmännchen bringen den Jungen auch das Jagen bei.

WOHNUNG IM UNTERGRUND

Erdmännchen können hervorragend graben. Trotzdem übernehmen sie oft Baue, die von anderen Tieren gegraben wurden. Kleine Erdmännchen werden in der Kinderstube tief unter der Erde geboren. Darin herrscht immer eine gleichmäßige Temperatur – am Tag nicht zu heiß und in der Nacht nicht zu kalt. Hier werden die Babys von allen versorgt, auch von ihrem Vater und den älteren Geschwistern.

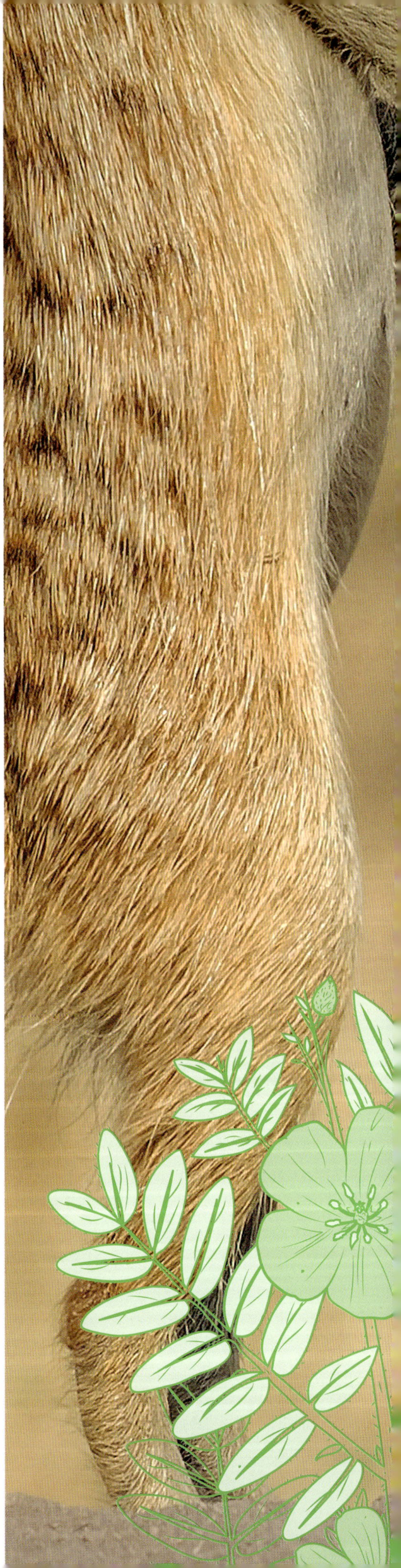

Ein Erdmännchenbaby würde gut in deine **Handfläche** passen.

Skorpion-Unterricht
Ältere Erdmännchen bringen den Jungen bei, wie man gefahrlos Skorpione fressen kann. Dazu fangen sie zunächst einen, töten ihn und geben ihn den Kleinen zum Fressen. Als Nächstes bekommen die Jungen einen lebenden Skorpion mit abgebissenem Giftstachel. Durch Übung lernen sie selbst Skorpione zu fangen und zu töten.

BABYSITTER

Jeden Morgen kommt Familie Erdmännchen aus dem Bau und wärmt sich in der Sonne auf. Während manche auf Nahrungssuche gehen, bleiben andere bei den jüngsten Mitgliedern der Gruppe und halten Wache. Sobald ein Wächter einen Feind bemerkt, stößt er einen Warnruf aus. Dann verstecken sich alle schnell im Bau.

Erdmännchen können ihre Ohren dicht verschließen, damit kein Sand oder Schmutz eindringt.

Das dünne Fell an Kopf und Rücken hält Erdmännchen kühl.

Mit den nach vorne gerichteten Augen kann ein Erdmännchen gut Entfernungen einschätzen und nach Raubtieren Ausschau halten.

AUF STREIFZUG

Wenige Wochen nach der Geburt kann ein junges Erdmännchen tagsüber den Bau verlassen und die Umgebung erkunden. Dabei muss es ständig nach Feinden wie Schlangen, Schakalen und Greifvögeln Ausschau halten. Schafft das Junge es nicht rechtzeitig in den Bau, kommt ein erwachsenes Tier zur Hilfe und beschützt es.

LÖFFELHUND

Bei Löffelhunden bringt auch der Vater vollen Einsatz für die Jungen.

In den Savannen im tropischen Afrika wimmelt es nur so von Insekten, vor allem von Termiten. Es gibt so viele davon, dass Löffelhunde nichts anderes fressen. Mit ihren großen Ohren können sie die Termiten im Gras und sogar unter der Erde aufspüren. Wie man das macht, lernen die Jungen bei Jagdausflügen mit der ganzen Familie.

JUNGE FAMILIE

Löffelhunde leben in einem selbst gegrabenen Familienbau. Hier bekommt das Weibchen die Babys und säugt sie. Damit eine Mutter genug Milch bildet, muss sie viel fressen und daher oft auf die Jagd gehen. Dann kümmert sich der Vater um die Jungen. Er pflegt das Fell der Babys, wärmt sie in der Nacht und beschützt den Bau vor Feinden.

Diese erst einen Tag alten Babys werden noch bis zu 15 Wochen von ihrer Mutter gesäugt.

Verspielte Jungtiere
Wie viele andere Tierbabys spielen auch junge Löffelhunde gerne miteinandner. Sie jagen um ihren Bau herum, lauern einander auf oder toben einfach nur. Dadurch lernen sie Fähigkeiten, die sie zum Überleben in der Savanne brauchen.

Über seine riesigen Ohren kann der Löffelhund an heißen Tagen Wärme abgeben.

AUSGEFÜLLTER TAG

Wenn die Jungtiere größer werden, geht die Familie oft gemeinsam auf die Jagd. Eine Kolonie von Termiten bietet reichlich Nahrung für alle. Dabei bringen die erwachsenen Löffelhunde den jungen bei, was man fressen kann und wie man es fängt.

Auf Insektenfang
Mit seinen großen Ohren kann ein Löffelhund das leiseste Rascheln eines Insekts im trockenen Boden unter seinen Pfoten wahrnehmen. Das Junge hört das auch und beobachtet aufmerksam, wie der Erwachsene seine Beute ausgräbt und frisst. Mit vielen kleinen Zähnchen wird sie rasch zu einem Brei zerkaut. Schon bald wird das Junge ohne die Hilfe seiner Eltern selbst Beute aufspüren können.

Umzug
Jede Löffelhundfamilie gräbt in ihrem Revier in der Savanne mehrere Baue. Wenn einer davon durch Feinde belagert wird oder einzustürzen droht, bringt ein Erwachsener die Jungen in einen anderen Bau. Meist übernimmt das der Vater. Er holt dann ein Jungtier nach dem anderen aus dem alten Bau und trägt die Kleinen einzeln im Maul in den neuen Bau.

ZUSAMMENARBEIT

Anpirschen
Für die Jagd sind vor allem die Löwinnen zuständig, die dabei zusammenarbeiten. Die Jungen beobachten sie und lernen so als Erstes das Anpirschen.

Verfolgen
Das Beutetier ist meist jung, alt oder schwach. Die Löwin versucht, es mit den Krallen zu packen und zu Fall zu bringen.

Auflauern
Andere Löwinnen liegen auf der Lauer und warten auf eine Gelegenheit zum Zuschlagen. Das ist für die Jungen nicht einfach zu lernen.

Teilen
Rudel teilen ihre Beute in einer festgelegten Reihenfolge: Als Erstes frisst das Männchen, zuletzt fressen die Jungen.

LÖWE

Löwenbabys lernen beim Spielen, was sie zum Überleben brauchen.

Als einzige Großkatzen leben Löwen in Gruppen zusammen, die man Rudel nennt. Ein Rudel besteht aus mehreren miteinander verwandten Weibchen mit ihren Jungen und einem oder wenigen Männchen, die das Rudel verteidigen. Nach den ersten Lebenswochen kümmert sich das ganze Rudel um die Jungen.

Löwenbabys haben geflecktes Fell. Die Flecken verblassen innerhalb weniger Wochen, sodass man bei älteren Jungen wie diesen nur noch blasse Flecken an den Beinen erkennen kann.

Die schwarzen Flecken an den Ohren dienen möglicherweise als Signal. Bei der Jagd könnten aufgestellte Ohren eine Aufforderung zum Folgen sein.

Jede Vorderpfote hat einen zusätzlichen Finger, die sogenannte Daumenkralle. Sie hilft beim Festhalten der Beute.

Beschützt von Mama
Für die Geburt sucht sich die Löwin einen geschützten Platz abseits des Rudels. Dort bringt sie bis zu sechs Babys auf die Welt. In den ersten Wochen werden sie gut im Gestrüpp versteckt und von der Mutter in Sicherheit gebracht, wenn sie herumstreunen. Nach etwa sechs Wochen schließt sich die Löwin mit den Kleinen wieder dem Rudel an.

SPIELKAMPF

Wie viele Tierkinder lieben auch Löwenbabys wilde Spiele. Sie schleichen sich an, springen aufeinander und packen zu, purzeln herum und beißen einander in Schwänze und Ohren. Dadurch festigen sie ihre Bindung und trainieren Geschicklichkeit und Kraft als Vorbereitung auf das Jagen.

RUHEPAUSE

Erwachsene Löwen ruhen sich gern bis zu 20 Stunden am Tag aus. Die Babys wollen jedoch meist lieber spielen. Mit ihrem gefleckten Fell sind sie im Gras gut getarnt. Trotzdem müssen sich Löwenkinder vor Feinden wie Hyänen, Greifvögeln und auch vor den Männchen anderer Löwenrudel hüten.

Sichere Zuflucht
Die meisten erwachsenen Braunbären sind zu schwer, um auf Bäume zu klettern. Bärenkinder können sich dagegen problemlos an Stämmen hochziehen. Oben sind sie vor Feinden wie Wölfen sicher.

FAMILIENAUSFLUG

Die Nahrung von Braunbären ist sehr vielseitig und besteht aus Beeren, Nüssen, saftigen Wurzeln, Insekten, Fisch und Fleisch. Die Bärenkinder müssen also gut aufpassen, was man alles fressen kann und wo man es findet. Ihre Mutter macht es ihnen vor. Zweieinhalb Jahre lang bleiben die Kleinen mit ihrer Mama zusammen.

BRAUNBÄR

Bärenkinder lernen alles Wichtige von ihrer Mutter.

Braunbären zählen zu den größten und kräftigsten Bären. Sie leben im Norden von Europa, Asien und Amerika. In Teilen Nordamerikas werden sie Grizzlybären genannt und gelten als besonders gefährlich. Tatsächlich sind die Weibchen aber liebevolle Mütter. Sie beschützen ihre Jungen und bringen ihnen alles bei, was sie zum Überleben brauchen.

Kleine Braunbären sehen nicht besonders gut. Deshalb finden sie ihre Nahrung vor allem durch Riechen und Hören.

DIE ERSTEN TAGE

Eine Bärin hat meist zwei oder drei Junge gleichzeitig. Ihr Nachwuchs kommt im zeitigen Frühjahr in der Winterhöhle zur Welt. Bei der Geburt sind die Kleinen nackt, blind und völlig hilflos. Die Mutter muss sie warm halten, beschützen und säugen. Die Milch ist durch die Fettreserven der Mutter fünfmal so reichhaltig wie Kuhmilch. Deshalb nehmen die Jungen sehr schnell an Gewicht zu.

Muttermilch

Bis zu Beginn des Sommers ernähren sich die Jungen ausschließlich von Muttermilch. Dann verlässt die Familie die Höhle und die Jungen probieren erstmals feste Nahrung. Solange die Mutter ihre Jungen in der Winterhöhle säugt, frisst sie selbst nichts. Sie verliert dabei fast die Hälfte ihres Gewichts. Weil die Kleinen aber anfangs so wenig entwickelt sind, kann die Mutter sie nicht allein in der Höhle lassen, um auf Nahrungssuche zu gehen.

Furchtlose Kämpferin

Bei der Verteidigung ihrer Jungen ist die Bärin furchtlos. Die schlimmsten Feinde der Babys sind andere Bären, besonders erwachsene Männchen. Sie könnten die Jungen sogar töten. Die Mutter kämpft auch mit doppelt so schweren Männchen und gewinnt dabei häufig. Wenn sie verliert, kann das für sie tödlich enden.

BÄR AUF FISCHFANG

In Alaska und in Kamtschatka im Fernen Osten Russlands haben sich Braunbären auf den Fang von Lachsen spezialisiert, wenn diese zur Eiablage flussaufwärts schwimmen. Die Jungen lernen diese Fähigkeit von den älteren Bären. Die Bären schnappen sich die Fische im flachen Wasser oder packen sie beim Sprung über Stromschnellen.

SICHERES ZUHAUSE

Der Bau des Bibers heißt auch Biberburg. Die Burg wird aus Zweigen und Schlamm im Wasser gebaut. Ihr Eingang liegt unter Wasser und führt zu einer trockenen Kammer oberhalb des Wassers. Hier sind die Jungen und ihre Familie vor Feinden sicher.

BIBERBABYS

Biberbabys leben mit ihren Eltern und älteren Geschwistern als Familie zusammen. Jedes Frühjahr bringt die Bibermutter bis zu vier Junge zur Welt. Die Babys haben bei der Geburt bereits Zähne, geöffnete Augen und ein dichtes Fell. Die ersten vier Wochen verbringen sie in der sicheren Biberburg. Zunächst werden sie gesäugt, fressen aber schon bald feste Nahrung.

BIBER

Biberbabys können schon bald nach der Geburt sehen und schwimmen.

Biber leben in der Nähe von Flüssen und Seen und verbringen die meiste Zeit im Wasser. Sie bleiben sogar unter dem Eis, wenn ihr Gewässer im Winter zufriert. Mit ihren scharfen Nagezähnen fällen sie Bäume und bauen damit Staudämme. So können sie den Wasserstand steuern und ihre Baue und Jungen vor Feinden schützen. Schon wenige Tage nach der Geburt erkunden Biberbabys gemeinsam mit ihren Eltern die Umgebung.

Die Mutter kümmert sich um die Jungen, säugt sie und spielt mit ihnen. Der Vater hält solange Wache.

LEBEN IM TEICH

Biberbabys sind perfekt an das Leben im Wasser angepasst. Durchsichtige Häutchen schützen ihre Augen wie eine Schwimmbrille. Nasenlöcher und Ohren können verschlossen werden. Die Jungen lernen schnell, Nahrung zu finden und mit ihren Zähnen Bäume zu fällen.

Zähne wie Meißel

Biberzähne sind kräftig und scharf. Weil sie sich durch das Nagen an Rinde und Holz abnutzen, wachsen sie das ganze Leben lang nach. Wenn die jungen Biber alt genug sind, fressen sie auch Rinde und Wasserpflanzen. Für den Winter legen Biber einen Vorrat an Pflanzennahrung an.

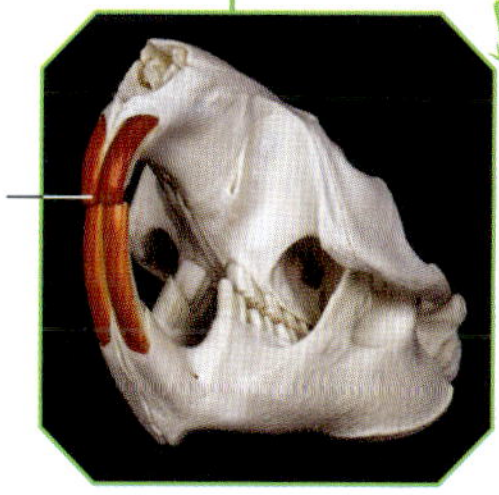

Die Nagezähne sind durch Eisen verstärkt. Deshalb sehen sie orange aus.

Schuppiger Schwanz

Ein Biber schwimmt schneller, als ein Mensch laufen kann. Für den Antrieb sorgen die Hinterfüße mit Schwimmhäuten und der flache Schuppenschwanz. Der Schwanz dient auch zum Steuern. Wenn ein Biber ihn laut aufs Wasser schlägt, ist das ein Warnsignal.

FAMILIENLEBEN

Junge Biber bleiben ungefähr zwei Jahre bei ihren Eltern. In dieser Zeit lernen sie, wie sie später selbst Staudämme und Biberburgen bauen können. Wenn sie etwa ein Jahr alt sind, werden meist ihre jüngeren Geschwister geboren. Dann helfen die einjährigen Jungtiere schon beim Sammeln von Nahrung für die Familie.

JAGUAR

Er ist die größte Raubkatze der amerikanischen Tropen.

Ein junger Jaguar wächst zum größten Raubtier in den Tropenwäldern Amerikas heran. Das Junge lernt schon früh zu töten, indem es seine Mutter dabei beobachtet. Zunächst übt es an kleinen Beutetieren wie Hörnchen. Im Erwachsenenalter hat ein Jaguar den stärksten Biss aller Katzen. Seine Eckzähne durchdringen sogar die Haut eines Krokodils.

MUTTER UND KIND

Wie bei allen Katzen besteht auch beim Jaguar eine starke Bindung zwischen der alleinerziehenden Mutter und ihrem Nachwuchs. Meist werden zwei Jungtiere geboren, von denen häufig nur eines überlebt. Denn der Regenwald ist voller Gefahren. Bis zu sechs Monate wird das Junge gesäugt. Im ersten Lebensjahr lernt es durch kämpferische Spiele zu jagen und sich zu verteidigen.

Das rosettenartige Muster im Fell des Jaguars ähnelt dem des Leoparden. Doch im Gegensatz zum Leoparden hat der Jaguar innerhalb der Rosetten noch schwarze Flecken.

Jeder Jaguar hat ein **einzigartiges** Fleckenmuster.

JUGEND IM REGENWALD

Im dichten Pflanzenwuchs des tropischen Regenwaldes kann man sich gut verstecken und an schnelle Beutetiere wie Hirsche anschleichen. Jungtiere müssen jedoch erst zahlreiche Dinge lernen, um in diesem vielfältigen Lebensraum zurechtzukommen.

In den Bäumen

Die meiste Zeit verbringen Jaguare am Boden. Lernt ein Jungtier aber klettern, kann es auch auf Bäumen lebende Beutetiere wie Faultiere, Affen und Leguane erreichen. Wie andere Katzen entwickeln Jaguare ein gutes Gleichgewichtsgefühl. Mit ihren kräftigen, stämmigen Beinen und ausfahrbaren Krallen können sie sich gut festhalten.

Beim ersten Mal im Wasser gibt die Mutter Halt und Sicherheit.

Im Wasser

Jaguare leben in der Nähe von Flüssen und Seen. Am Flussufer oder an Wasserlöchern lauern sie ihrer Beute auf. Durch das Planschen im Wasser werden die Jungtiere zu guten Schwimmern. So können sie sich in der tropischen Hitze abkühlen oder im Wasser lebende Tiere wie Schildkröten, Kaimane und Krokodile erbeuten.

LEBEN IM BEUTEL

Wie andere Beuteltiere, zum Beispiel Kängurus, kommt ein Koalababy nach einer Tragezeit von nur gut einem Monat sehr unterentwickelt zur Welt. Die restliche frühe Entwicklung findet im schützenden Beutel der Mutter statt. Dort wächst es mit der nahrhaften Muttermilch schnell heran.

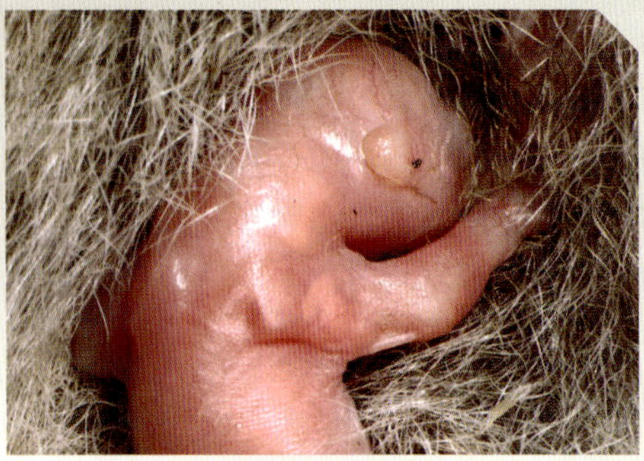

Neugeborenes
Ein neugeborener Koala ist blind, nackt, ungefähr 2 cm groß und besteht fast nur aus Rumpf, Kopf und Armen. Mithilfe seiner Arme krabbelt er zur Zitze im Beutel seiner Mutter. Dort wird er so lange gesäugt, bis er den Beutel verlassen kann.

Ein Baby schaut aus dem Beutel. Dort bleibt es, bis Arme und Beine so kräftig sind, dass es auf seiner Mama reiten kann.

Heranwachsen
Beim Koala zeigt die Beutelöffnung nach unten. Ein starker Muskel wirkt wie ein Gummizug und verhindert, dass das Baby herausfällt. Wenn das Junge älter wird, frisst es auch den sogenannten Papp. Das ist ein besonderer grüner, geleeartiger Kot seiner Mutter. Dadurch wird sein Darm mit nützlichen Bakterien versorgt. Sie sind nötig, damit es später die harten Eukalyptusblätter verdauen kann.

KOALA

Dieses Beuteltier verbringt seine Zeit mit Fressen oder Schlafen.

Ein Koalababy wächst in den Wäldern Australiens auf und wird von seiner Mutter ständig durch die Bäume getragen: erst im Beutel und später huckepack auf dem Rücken. Eine Zeit lang schlüpft es noch ab und zu in den Beutel, um Milch zu trinken. Sobald es Zähne hat, ernährt es sich sein Leben lang von Eukalyptusblättern.

Schlafmütze

Mit etwa sieben Monaten beginnen junge Koalas Eukalyptusblätter zu fressen. Diese Blätter sind sehr hart und enthalten Bitterstoffe und Öle. Es dauert lange, bis sie verdaut sind. Während der Darm damit beschäftigt ist, schlafen die Koalas. Zwei Drittel ihrer Zeit verbringen sie schlafend. In der restlichen Zeit suchen sie meist neue Blätter und zerkauen diese.

Der Koala zählt zu den Beuteltieren mit dem dichtesten Fell. Es schützt ihn perfekt vor Kälte, Wind und Regen.

BABYTRANSPORT

Mit ihren Krallen können Koalas gut nach Ästen greifen und finden an Stämmen Halt. Wenn sich das Baby damit an seiner Mutter festklammert, schmiegt es seinen Kopf ganz eng an ihren. Ab dem Alter von einem halben Jahr verbringt das Junge immer mehr Zeit außerhalb des Beutels. Dann traut es sich allmählich auch zu klettern – aber immer in Mamas Nähe.

JAGEN LERNEN

Wie andere Katzen besitzen Luchse zwei gefährliche Waffen: ihre Zähne und ihre Klauen. Die Jungen müssen erst lernen diese wirkungsvoll einzusetzen. Mit den Krallen können sie Beute packen, mit einem Biss in den Nacken kleine Tiere rasch töten. Heranwachsende lernen aber, dass sie größere Beute wie Hirsche anders jagen müssen. Hier wird das Opfer mit einem Biss in die Kehle erstickt.

Krallen
Schon bald klettern junge Luchse auf Bäume. Dabei geben ihnen die vier Krallen jeder Pfote Halt.

Luchse können die Krallen einziehen, wenn sie diese nicht brauchen.

Jäger
Junge Luchse begleiten ihre Mutter ab dem Alter von drei Monaten beim Aufspüren von kleinen Nagetieren, Hasen oder Kaninchen. Schon bald wissen sie, wie man kleinen Tieren auflauert.

LUCHS

Bei Luchsen besteht ein Wurf meist aus zwei bis vier Jungen.

Luchse sind Raubkatzen, die von Geburt an Pinselohren und einen kurzen Schwanz haben. Sie zählen zu den größten Raubtieren in den Wäldern Europas, Asiens und Nordamerikas. Erwachsene Luchse jagen Tiere bis zur Größe von kleinen Hirschen.

START INS LEBEN

Bei ausreichender Nahrung kann ein Luchsweibchen pro Jahr zwei Würfe aufziehen. Wie bei den meisten Katzen kümmert sich nur die Mutter um den Nachwuchs. Sie bringt die Jungen in einer Felshöhle zur Welt, die sie mit Blättern ausgepolstert hat. Im Alter von vier Monaten dürfen die Kleinen mit ihr die Höhle verlassen. Nach ein bis zwei Jahren sind sie alt genug für eigenen Nachwuchs.

In der Natur können Luchse bis zu **10 Jahre** alt werden.
Luchse hoch im Norden wie diese Rotluchse haben ein dickeres Fell als Luchse, die weiter im Süden leben.
Lange dunkle Haare an den Ohrspitzen bilden kleine Pinsel.

KINDHEIT

Im ersten Monat trägt die Mutter ihr Baby am Bauch. Dann lernt es auf ihrem Rücken zu reiten, was nicht ganz so einfach ist. Schon bald traut es sich auch alleine herumzustreifen und Dinge aufzusammeln. Im ersten Lebensjahr reitet es aber nach wie vor häufig auf Mamas Rücken. Weibchen bleiben als Erwachsene in der Gruppe, in der sie geboren wurden, Männchen verlassen sie.

Das rote Gesicht ist ein Anzeichen für eine führende Position in der Rangordnung der Gruppe.

Jedes zweite Frühjahr bringt eine Makakenmutter ein einzelnes Junges zur Welt.

MAKAK

Makakenbabys müssen sich an eisige Temperaturen gewöhnen.

Diese Affen leben in Japan und heißen daher auch Japanmakaken. Im Süden des Landes bewohnen sie warme Wälder, weiter nördlich müssen sie mit niedrigeren Temperaturen zurechtkommen. Die Makaken im Hochgebirge werden auch Schneeaffen genannt. Sie überleben die bitterkalten Winter, indem sie in warmem Thermalwasser baden. Die Jungen wachsen in Gruppen von bis zu 40 Tieren auf und werden vor allem von ihrer Mutter betreut.

Das Winterfell der Japanmakaken ist viel dicker als das Sommerfell und hält sie in der Kälte warm.

Japanmakaken halten Temperaturen bis **–20 °C** aus.

Zeit mit Mama
Makaken verbringen etwa ein Drittel ihrer Zeit damit, sich gegenseitig das Fell zu pflegen und Schmutz oder Läuse herauszukämmen. Mit dieser sozialen Fellpflege festigen sie auch die Bindung innerhalb der Gruppe. Mütter bringen ihren Kindern bei, wie es geht.

SCHLAUMEIER

Junge Makaken lernen sehr schnell. Bereits mit vier Monaten können sie geschickt klettern, springen und alleine nach Nahrung suchen.

Schwierige Sprünge
Makaken leben sowohl auf Bäumen als auch am Boden. Die Jungen springen schon bald furchtlos von Baum zu Baum. Sie lieben es dabei Fangen zu spielen.

Nahrungssuche
Junge Makaken beobachten ihre Mutter bei der Nahrungssuche. Dabei schauen sie sich ab, was man fressen kann. Auf einer japanischen Insel haben sie gelernt, Nahrung wie Süßkartoffeln am Strand im Wasser zu waschen.

Spielzeit
Makaken sind sehr gesellig. Besonders die Jungtiere spielen gerne und viel. Dadurch festigen sie auch ihre Bindungen untereinander. Einige Japanmakaken haben sogar gelernt, zum Spaß Schneebälle zu formen.

HEISSES BAD

Japanmakaken sind intelligente Tiere und lernen von Geburt an. Eine Gruppe badet im eiskalten Winter im Jigokudani-Park in natürlichen heißen Quellen. Das hält die Tiere bei der Kälte warm. Die Jungen beobachten die Erwachsenen dabei und machen es ihnen schon bald nach.

LEOPARD

Ein Leopardenkind bleibt die ersten beiden Lebensjahre bei seiner Mutter.

Das Leben eines Leopardenbabys beginnt in einer Felshöhle. Von dort aus erkundet es später die Welt. Dabei lernt es schon früh zu klettern, denn Leoparden verbringen mehr Zeit in Bäumen als andere Großkatzen. Leopardenmütter sind sehr fürsorglich. Trotzdem muss die Mutter ihre Jungen öfter alleine lassen, manchmal sogar für mehrere Tage. In dieser Zeit geht sie auf die Jagd, um Fleisch für die Jungen zu beschaffen.

Wie alle Katzen leckt die Leopardin ihr Junges ab und reinigt so sein Fell.

Tasthaare

Katzen haben an ihren Wangen, an der Schnauze und über den Augen Tasthaare. Diese besonderen Haare sind mit Sinneszellen in der Haut verbunden, die auf Berührung reagieren. Besonders gut entwickelt sind sie bei nachtaktiven Jägern wie Leoparden. Beim Herumstreifen strecken die Jungen ihre Tasthaare instinktiv aus und erkunden damit ihre Umwelt.

HOCH HINAUS

Die meisten anderen Katzen fühlen sich auf Bäumen nicht heimisch. Leoparden jedoch lieben das Leben in luftiger Höhe. Ihre beweglichen Pfoten helfen den Tieren sowohl beim Festhalten an Ästen als auch beim Packen der Beute. Das Junge hat dank seiner breiten Pfoten mit den ausfahrbaren Krallen festen Halt, wenn die Mutter sein Fell leckt. Mit ihrer Farbe und Musterung sind Leoparden auf Bäumen und im hohen Gras perfekt getarnt.

FÜRS LEBEN LERNEN

Die Jungtiere bleiben bis zu zwei Jahre lang bei ihrer Mutter. In dieser Zeit lernen sie von ihr ganz nebenbei durch Beobachten und Nachahmen alle nötigen Fähigkeiten. Das ist eine wichtige Zeit. Denn wenn die Leoparden ihre Kinderstube verlassen haben, leben sie als Einzelgänger.

Spielen
Leopardenkinder sind sehr verspielt. Oft springen sie auf ihre Mutter oder die Geschwister. Ab einem Alter von drei Monaten begleiten sie ihre Mutter auf der Jagd. Auch deshalb sind solche Spiele wichtig, weil sie die Beine kräftigen und zielgerichtetes Springen trainieren.

Beute
Erlegte Beute wird oft auf einen Baum geschleppt. Dort ist sie vor Aasfressern sicher. Mit sieben bis acht Monaten brechen bei den Jungen die bleibenden Eckzähne durch, mit denen Leoparden ihre Beute töten. In diesem Alter beginnen die Jungen auch schon, selbst kleine Tiere zu erbeuten. Bis dahin fressen sie das Fleisch größerer Tiere, die ihre Mutter gejagt hat.

ORANG-UTAN

Orang-Utan-Kinder bleiben ungefähr acht Jahre lang bei ihrer Mutter.

Orang-Utans leben in den Regenwäldern auf den Inseln Borneo und Sumatra in Asien. Etwa alle acht Jahre bringt eine Orang-Utan-Mutter ein Baby zur Welt. Das Kleine wiegt mit 1,5 kg knapp halb so viel wie die meisten Menschenbabys. Es wird auf einem Baum geboren und verbringt auch fast sein gesamtes Leben hoch oben in den Bäumen. Nach der Geburt klammert sich das Baby sofort an seine Mutter. Diese kümmert sich um ihr Kind, bis es sieben oder acht Jahre alt ist.

Die Mutter nutzt Blätter als Kissen. Das Baby kuschelt sich an seine Mama.

Die Nester werden nachts zum Schlafen genutzt und manchmal auch tagsüber für ein Nickerchen.

Ein bequemes Bett

Genau wie Menschenkinder legen sich auch Orang-Utan-Babys abends in ein gemütliches Bett. Für ihre Schlafstelle verflechten Orang-Utans Zweige und Blätter zu einem sicheren und haltbaren Nest. Die Mutter braucht dafür etwa zehn Minuten. Das Junge beobachtet sie dabei und lernt so, wie es geht. Mit etwa drei Jahren kann es sich selbst ein Bett bauen.

Die Geburt findet in einem Nest **hoch oben** in einem Baum statt.

Von Baum zu Baum

Schon vor dem ersten Geburtstag turnen Orang-Utans sicher in den Baumwipfeln. Mit ihren langen Armen können sie hervorragend hangeln. Schon bei den Babys sind die Arme länger als der Rumpf. An langen Kletterpflanzen, den Lianen, schwingen sich die Affen durch den Wald.

BABYZEIT

Orang-Utan-Babys und Menschenbabys haben viel gemeinsam. Sie lieben es, von der Mama geknuddelt zu werden. Sie weinen und zeigen Gefühle wie Überraschung und Angst. Weil Orang-Utans nicht in Gruppen leben, kümmert sich die Mutter ganz allein um das Baby.

Die Babys lernen, den nährstoffreichen Saft von Bäumen abzulecken.

REGENSCHUTZ

Orang-Utans mögen es nicht, wenn ihr Fell nass wird. So wie Menschen einen Regenschirm benutzen, halten sie sich schützend große Blätter über den Kopf. Diesen praktischen Trick schauen sich die Kinder von ihren Müttern ab und machen es nach. Je größer das Blatt, desto besser!

ZEBRA

Ein Zebrafohlen kann schon 20 Minuten nach der Geburt stehen und innerhalb einer Stunde rennen.

Zebrafohlen werden im weiten Grasland geboren und müssen von Anfang an ums Überleben kämpfen. Dafür haben sie unglaublich gut entwickelte Sinne. Sie sehen und hören hervorragend und achten aufmerksam auf Gefahren. Die Beine eines Fohlens sind schon fast so lang wie die seiner Mutter. So kann es bald mühelos mit ihr flüchten.

Das Leben als Neugeborenes

Nach einer Tragezeit von ungefähr einem Jahr wird das Baby geboren, das wie bei Pferden Fohlen heißt. Die Geburt erfolgt meist nachts, wenn weniger Raubtiere umherstreifen. Das erste Aufstehen ist für das Kleine schwierig. Das Neugeborene muss seine Beine dafür weit spreizen. Danach bleiben die Mutter und das Fohlen für kurze Zeit alleine zusammen und bauen eine enge Bindung auf. Bald schließen sie sich wieder einer kleinen Herde an. Diese Gruppe besteht aus mehreren Weibchen, die man Stuten nennt, mit Fohlen und einem dominanten Hengst.

EINZIGARTIGES MUSTER

Auf den ersten Blick sehen die Zebras einer Herde fast gleich aus. Aber jedes Tier hat ein anderes Streifenmuster. Auch bei einer Stute und ihrem Fohlen ist das Muster etwas unterschiedlich. Forschungsergebnisse deuten darauf hin, dass die Streifen möglicherweise vor Insekten schützen.

Die **braunen Streifen** des Fohlens werden erst allmählich schwarz.

Rettung durch Flucht
Löwen jagen diejenigen Tiere einer Herde, die am einfachsten zu erbeuten sind. Dazu zählen die alten und kranken, aber auch die ganz jungen. Manchmal kann ein ausgewachsenes Zebra einen einzelnen Löwen in die Flucht schlagen. Ein Jungtier hat dagegen keine Chance, vor allem, wenn es von seiner Herde getrennt wird. Viele Zebrafohlen fallen Löwen zum Opfer.

Durch Drehen der Ohren kann ein Zebra genau hören, woher ein Geräusch kommt. So wird es auf Gefahren aufmerksam.

FAULTIER

Faultierbabys kommen in Baumkronen zur Welt.

Faultiere leben in den Baumwipfeln der Regenwälder in der Mitte und im Süden Amerikas. Die Jungen klammern sich eng an ihre Mütter und werden nur selten von ihnen getrennt. Falls es doch passiert, rufen sie laut quäkend, bis sie gefunden werden. Weil die Kleinen in einer tieferen Tonlage rufen als die meisten Vögel des Waldes, können die Mütter sie leicht finden. Erwachsene Faultiere geben diese Laute nicht mehr von sich, sondern nur noch ein leises Zischen.

Zuerst wird ein Faultierbaby von seiner Mutter **sauber geleckt**.

In Zeitlupe
Faultiere sind die langsamsten Säugetiere der Welt. Sie schlafen zehn bis 20 Stunden am Tag. Ihre Krallen und Gliedmaßen rasten beim Schlafen ein, damit die Tiere nicht vom Baum fallen. Hier schläft ein junges Zweifingerfaultier angekuschelt auf dem Bauch seiner Mutter. Es bleibt ein Jahr oder länger in ihrer Nähe. Das Neugeborene muss von der Mutter lernen, wie man in den Baumwipfeln überlebt. Ab dem Alter von einer Woche bekommt es aus ihrem Maul vorgekaute Nahrung zum Probieren.

Blätternahrung
Junge Faultiere werden ein Jahr lang gesäugt. Aber schon nach einer Woche fangen sie an Blätter zu fressen, ihre spätere Hauptnahrung. Die Jungen haben bei der Geburt schon Zähne. Mit den beiden vorderen beißen sie ab, mit den anderen Zähnen zermahlen sie die Blätter zu Brei. Da Blätter nicht sehr nahrhaft sind, schlafen Faultiere viel und sparen so Energie.

KOPFÜBER

Während der ersten sechs Monate klammert sich das Faultierbaby an seiner Mutter fest. Erst dann beginnt es, die Umgebung zu erkunden. Faultiere bewegen sich mit dem Rücken nach unten hängend durch die Bäume. So hat das Baby einen sicheren Platz auf dem Bauch der Mutter. Mit ihren langsamen Bewegungen und den grünen Algen, die in ihrem Fell wachsen, ist die Faultiermutter gut getarnt. Bei Gefahr verteidigt sie ihr Baby mit ihren langen, scharfen Krallen.

Faultierbabys haben helles oder dunkles Fell, je nachdem, in welcher Gegend sie leben.

Unter Wasser

Das Leben unter Wasser hat viele Vorteile. Dadurch bleibt die empfindliche Haut der jungen Flusspferde feucht und gesund. In den Seen und Flüssen sind sie auch vor der afrikanischen Hitze geschützt und entgehen Angriffen von Landraubtieren.

Fortbewegung

Junge Flusspferde fühlen sich schon bald im Wasser wohl. Wie die erwachsenen Tiere können sie nicht besonders gut schwimmen und stoßen sich deshalb immer wieder vom Grund der Seen und Flüsse ab. Im Alter von etwa drei Wochen beginnen die Jungen, Wasserpflanzen zu fressen.

In Gesellschaft

Wenn die kleinen Flusspferde ein paar Monate alt sind, schließen sie sich mit ihren Müttern oft größeren Gruppen an. Diese lauten, geselligen Zusammenschlüsse bestehen aus bis zu hundert Tieren und bieten Schutz für Jung und Alt.

IM WASSER ZU HAUSE

Die weiblichen Flusspferde gebären ihre Babys in den Seen und Flüssen der afrikanischen Savanne. Die Neugeborenen müssen für den ersten Atemzug an die Wasseroberfläche schwimmen. Die meiste Zeit ihres Lebens verbringen sie dann unter Wasser. Bis zum Alter von acht Monaten trinken sie auch unter Wasser Milch bei ihrer Mutter. Anfangs können die Babys höchstens eine Minute lang die Luft anhalten. Als Erwachsene schaffen sie es dann bis zu fünf Minuten.

Ein öliger, roter Film auf der Haut schützt die Flusspferde vor Sonnenbrand.

FLUSSPFERD

Flusspferdbabys werden unter Wasser geboren.

Ein junges Flusspferd bleibt bis zu **8 Jahre** bei seiner Mutter.

Flusspferde sind mit ihrem riesigen Kopf, dem kräftigen Körper und den stämmigen Beinen wahre Schwergewichte im Tierreich. Meist gebären die Mütter nur alle zwei Jahre ein einzelnes Jungtier. Ein neugeborenes Flusspferdbaby wiegt etwa so viel wie ein Mensch im Jugendalter. Das Jungtier wächst sehr schnell und erreicht innerhalb eines Jahres das Fünffache seines Geburtsgewichts.

Die Nasenlöcher werden beim Untertauchen verschlossen, damit kein Wasser eindringt.

FAMILIENBANDE

Die ersten zehn Tage nach der Geburt verteidigt die Flusspferdmutter ihr Baby erbittert und verjagt sogar seine älteren Geschwister. Nach und nach wird die Familie aber zusammengeführt. Die Mutter ruht oder suhlt sich dann zusammen mit zwei oder sogar drei unterschiedlich alten Jungtieren.

SCHIMPANSE

In ihren ersten fünf Lebensjahren sind junge Schimpansen völlig auf die Mutter angewiesen.

Schimpansen sind nah mit uns verwandt. Sie leben in Gemeinschaften von bis zu 120 Tieren. Die Jungen werden etwa fünf Jahre lang von ihrer Mutter umsorgt. Im ersten Lebensmonat klammert sich das Baby an den Bauch seiner Mutter. Danach reitet es meist auf ihrem Rücken.

Schimpansen verständigen sich innerhalb ihrer Gruppe mit verschiedenen lauten Rufen.

VIELSEITIGER ALLTAG

Schimpansen haben wie wir einzeln bewegliche Daumen, sodass sie die Hände zum Greifen benutzen können. Im Gegensatz zu uns sind bei ihnen auch die großen Zehen so beweglich. Deshalb können sie sowohl die Hände als auch die Füße einsetzen, um all die Aufgaben des täglichen Lebens zu erledigen.

Körperpflege
Oft pflegen Schimpansen einander das Fell. Dazu durchkämmen sie mit den Händen die Haare und picken Schmutz und Insekten mit den Fingern oder dem Mund heraus. Mit dieser sozialen Fellpflege festigen sie die Beziehungen untereinander. Außerdem bauen sie damit Spannungen ab und halten das Fell frei von schädlichen Parasiten. Mütter pflegen regelmäßig das Fell ihres Nachwuchses.

Geschickte Kletterer
Schimpansen halten sich viel in Bäumen auf. Schon bei sehr jungen Tieren wird deutlich, wie wohl sie sich dort oben fühlen und wie sicher sie sich mehrere Meter über dem Boden fortbewegen. Mit ihren unglaublich starken Armen und Beinen und dem festen Griff ihrer Hände und Füße hangeln sie mit Leichtigkeit und hohem Tempo durch die Baumkronen.

VON MAMA LERNEN

Schimpansen haben viele Ähnlichkeiten mit uns Menschen. Wie Menschenkinder weinen Schimpansenbabys und zeigen Angst oder Aufregung. Sie lächeln oder lachen sogar. Sie verständigen sich mit vielfältigen Lauten, Gesichtsausdrücken und Gesten. Ein Junges lernt schnell, auf die Rufe seiner Mutter zu hören und mit anderen Schimpansen Kontakt aufzunehmen.

Junge Schimpansen stochern mit Zweigen in Öffnungen von Termitenbauen, um an ihre Lieblingsnahrung zu kommen. Das erfordert viel Übung, bis es perfekt klappt!

Werkzeuggebrauch
Schimpansen verbringen viel Zeit mit der Nahrungssuche. Dabei benutzen sie Stöcke und Steine als Werkzeuge. Junge Schimpansen schauen sich das von den älteren ab und machen es nach. Mit Zweigen angeln sie nach Termiten und Ameisen oder stochern Honig aus Bienenwaben. Mit Steinen knacken sie Nüsse und mit Blättern saugen sie wie mit einem Schwamm Wasser auf.

Die Gesichter der Jungtiere sind heller als die der Erwachsenen.

Ein Schimpansenweibchen kann in seinem Leben **9 Babys** bekommen.

IM BEUTEL

Ein Opossum hat gewöhnlich sechs bis zehn winzige Babys. Bei der Geburt sind die Kleinen nur wenig entwickelt. Trotzdem können sie mithilfe ihrer winzigen Arme selbst in den Beutel der Mutter kriechen. Hier sind sie sicher und wachsen zu pelzigen Opossumkindern heran.

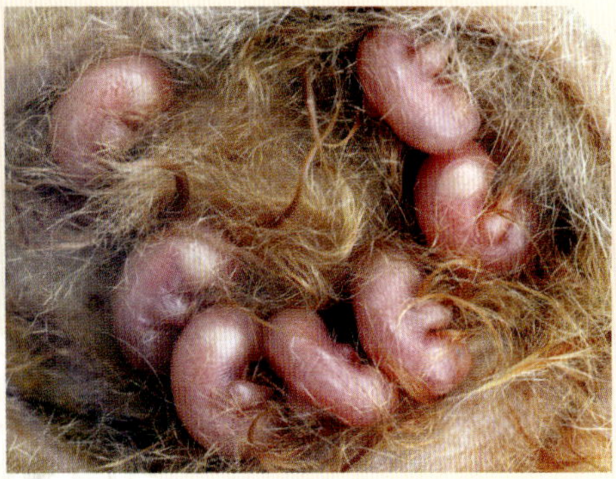

Winzige Babys
Bei der Geburt ist jedes Junge nur etwa so groß wie eine Biene. Die Kleinen sind nackt, blind und fast hilflos. Dennoch finden sie den Weg durch das Fell der Mutter in den Beutel. Dort trinken sie die nächsten acht Wochen die nahrhafte Muttermilch. Diese liefert ihnen alles, was sie für ihre weitere Entwicklung brauchen.

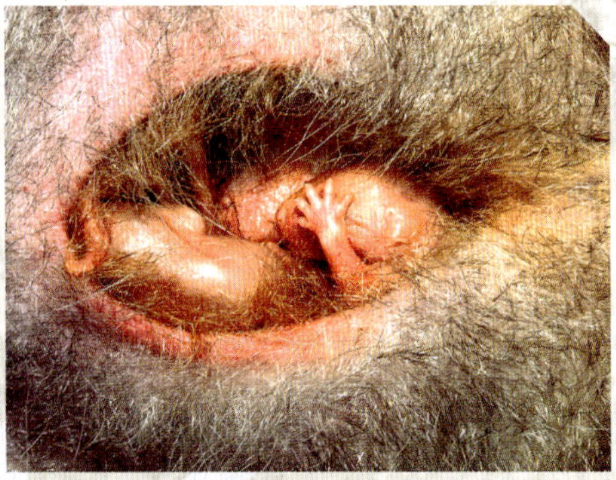

Überfüllung
Nach acht Wochen lassen die Jungen die Zitze los und saugen nur noch, wenn sie hungrig sind. Insgesamt bleiben sie elf Wochen im Beutel. Beim Heranwachsen brauchen sie aber immer mehr Platz, bis es im Beutel schließlich zu eng wird. Dann kommen die inzwischen gut entwickelten Jungen heraus und klettern auf den Rücken ihrer Mutter.

Tot gestellt
Wenn Gefahr von einem jagenden Raubtier droht, nutzt ein Opossum wie dieses Jungtier eine überraschende Verteidigung. Es rollt sich auf die Seite und bleibt mit offenen Augen und heraushängender Zunge regungslos liegen, als wäre es tot. Das führt meist dazu, dass der Feind es in Ruhe lässt.

Opossumbabys klammern sich im Fell ihrer Mutter fest, damit sie nicht herunterfallen.

Eine Opossummutter kann bis zu **21 Babys** auf einmal bekommen.

OPOSSUM

Opossumbabys nutzen ihre Mutter als Taxi.

Das Nordopossum ist ein Beuteltier. Die Babys entwickeln sich in einem Beutel am Bauch der Mutter. Wenn sie alt genug sind, reiten sie auf ihrem Rücken. Die meisten Beuteltiere leben in Australien oder Südamerika. Das Nordopossum hat sich aber über fast ganz Nordamerika bis nach Kanada ausgebreitet. Dort tauchen Opossums auf der Suche nach Nahrung oft sogar mit ihren Jungen in Gärten auf. Sie fressen fast alles, was sie finden.

HUCKEPACK

Die Opossummutter trägt ihren Nachwuchs auf dem Rücken überallhin, sogar auf Bäume. Im Lauf der Zeit lernen die Jungen alles, was sie zum Überleben brauchen. Sie schauen sich von ihrer Mama auch ab, was man fressen kann. Im Alter von vier bis fünf Monaten verlassen sie die Mutter und werden selbstständig.

Beim Klettern hält sich das Opossum mit seinem Greifschwanz fest.

HÄNGESPASS

Wie ihre Mutter besitzen auch die Opossumbabys einen kräftigen Greifschwanz. Sie können ihn als Kletterhilfe um Äste winden. Da die Kleinen noch viel leichter sind als ihre Mutter, kann der Schwanz ihr ganzes Gewicht tragen. Sie könnten stundenlang so herumhängen, aber sicher fällt ihnen schon bald etwas anderes ein!

UNZERTRENNLICH

Eine Nashornmutter kümmert sich sehr fürsorglich um ihr Kalb – die beiden sind unzertrennlich. Das Jungtier trinkt bis zu 18 Monate lang Milch bei seiner Mutter. Männliche Kälber trinken öfter und länger als weibliche. Die Männchen werden auch viel größer. Die Mutter beschützt ihren Nachwuchs vor Krokodilen und Löwen. In der gemeinsamen Zeit mit der Mutter lernt das Kalb, wo man am besten Nahrung und Wasser findet und wie man Feinden entkommt. Im Alter von zwei Jahren ist das Jungtier groß und erfahren genug, um alleine in der Wildnis zurechtzukommen.

Trotz ihrer dicken Haut können Nashörner Sonnenbrand bekommen.

NASHORN

Nashornbabys werden noch ohne Horn geboren.

Nashörner sind die Kraftpakete der afrikanischen Savanne. Sie gehören zu den schwersten Tieren der Welt und sind schon bei der Geburt ganz schön groß. Ein neugeborenes Nashorn wiegt etwa so viel wie ein zwölfjähriges Kind. Bereits wenige Tage nach der Geburt steht es auf und läuft herum. Bis es erwachsen ist, wird es von der Mutter beschützt.

Die Hörner eines Nashorns wachsen lebenslang. Sie dienen zum Graben und zur Verteidigung gegen Raubtiere.

WEIDEGÄNGER

Breitmaulnashörner grasen fast den ganzen Tag in der Savanne. Sie leben in Familiengruppen und kühlen sich durch Schlammbäder ab.

Mütter und Kinder
Nashornmütter bilden oft zusammen mit anderen Müttern und ihren Kälbern größere Familiengruppen. Männchen leben normalerweise allein in ihrem Gebiet, das man Territorium nennt.

Nützliche Vögel
Auf der Haut von Nashörnern leben oft lästige Zecken und andere Parasiten. Sie werden von Vögeln aufgepickt, die Madenhacker heißen. Die Vögel fressen die Plagegeister und halten so die Haut der Nashörner gesund.

Schlammbad
Da Nashornkälber nicht schwitzen können, müssen sie sich zur Abkühlung im Schlamm wälzen. Der getrocknete Schlamm auf der Haut schützt vor der heißen Sonne und vor Insektenstichen.

SICHERE ZUFLUCHT

Ein Baby des Roten Riesenkängurus wird nach einer sehr kurzen Tragezeit von etwa 35 Tagen geboren. Seine Entwicklung findet zum größten Teil im Beutel der Mutter statt.

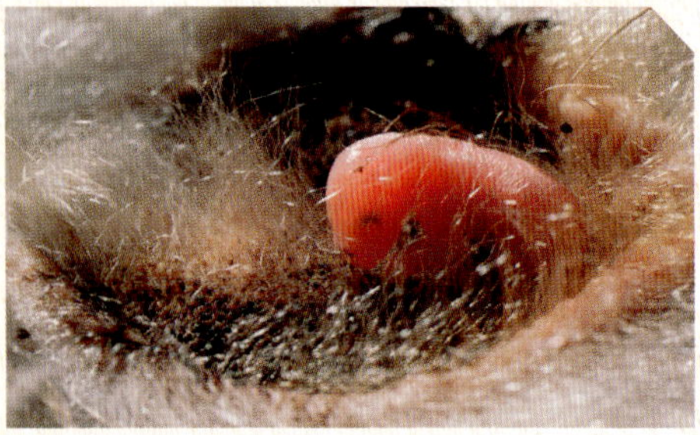

Winziges Kletterbaby
Bei der Geburt ist das bienengroße Jungtier blind, taub, nackt und hat noch keine Hinterbeine. Aber mithilfe seiner Arme klettert es in den Beutel. Die Mutter hilft ihm, indem sie eine Spur in ihr Fell leckt.

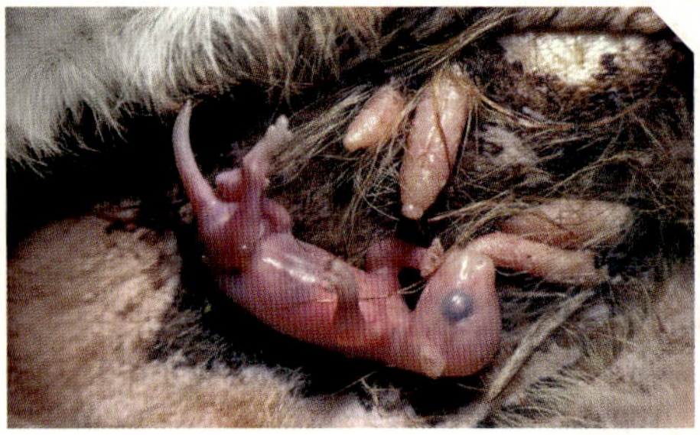

Im Beutel
Im Beutel saugt sich das Baby an einer Zitze fest und beginnt zu trinken. Die Muttermilch enthält alles, was es für seine weitere Entwicklung braucht.

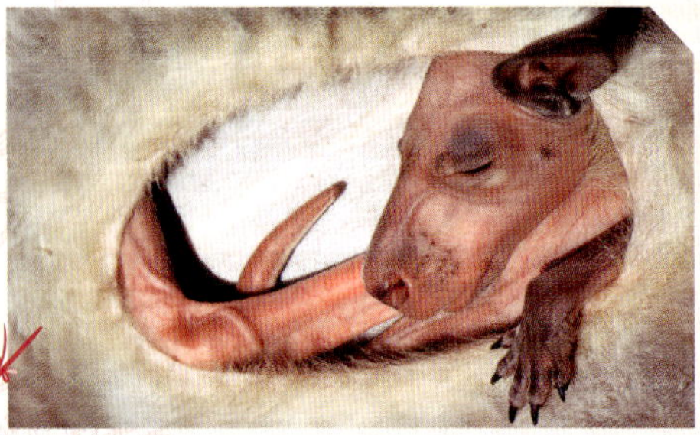

Immer größer
Bis zu fünf Monate lang bleibt das Baby an der Zitze hängen. Dann lässt es diese los und trinkt nur noch, wenn es hungrig ist. Es bleibt aber noch einige Wochen im Beutel, bis es sich herauswagt.

Ein Riesenkänguru ist bei der Geburt **2 cm** groß und ausgewachsen so hoch wie ein großer Mensch.

KÄNGURU

Kängurubabys wachsen im Beutel der Mutter heran.

Kängurus zählen zu den Beuteltieren und bringen winzige, nur wenig entwickelte Junge zur Welt. Die Mütter tragen ihre Babys in ihrem Beutel herum, bis die Kleinen alt genug sind, um in der Welt draußen zu überleben. Auch wenn das Junge den Beutel bereits verlassen hat, kann es beim geringsten Anzeichen von Gefahr wieder hineinklettern. Wenn es hungrig ist, stärkt es sich dort mit der nahrhaften Muttermilch.

Das Kängurubaby nimmt seine Umgebung mit großen Augen und Ohren wahr.

Maul und Zähne sind an Pflanzennahrung angepasst.

Das Gesicht des jungen Kängurus wird beim Heranwachsen länger.

IMMER DABEI

Die Kängurumutter nimmt ihr Junges im Beutel überallhin mit. Dort ist es sicher aufgehoben. Wenn sie schnelle Sprünge macht, schließt sich der Beutel enger, damit das Junge nicht hinausfällt. Sobald das Baby alt genug ist, streckt es den Kopf heraus und beginnt seine Umgebung zu betrachten. Schließlich klettert es das erste Mal aus dem Beutel und unternimmt kurze Ausflüge.

Wachstum

Bei Anzeichen einer Gefahr ruft die Mutter das Jungtier zurück. Das lernt, schnell darauf zu hören, und bringt sich im Beutel in Sicherheit. Erst wenn die Mutter ihr nächstes Baby erwartet, darf das Ältere nicht mehr in den Beutel. Das Junge braucht zwar immer noch Muttermilch, lernt aber allmählich, auch Gras, Blätter und andere feste Nahrung zu fressen.

STEINBOCK

Innerhalb von zwei Wochen nach der Geburt muss ein Steinbock sicher klettern können.

Steinböcke sind eine wilde Ziegenart. Sie können sehr steile Felswände erklimmen. Ihre besonders geformten Hufe geben den Steinböcken guten Halt an Felsen. Deshalb haben die Tiere beim Klettern keine Angst. Selbstsicher springen sie von einem Felsvorsprung zum nächsten – auch an Stellen, an denen sie ausrutschen könnten und einen Absturz nicht überleben würden. Die als Kitze bezeichneten Steinbockbabys sind genauso mutig wie die Eltern. Sie folgen ihnen schon im Alter von wenigen Tagen über die höchsten und schmalsten Felskanten.

PERFEKT AUSGESTATTET

Wie andere Wildziegen haben Steinböcke Hufe mit zwei spreizbaren Zehen und gummiartigen Sohlen. Sie geben ihnen guten Halt auf dem Untergrund. Die scharfen Kanten der Hufe sind sehr fest und können problemlos das Gewicht des Steinbocks tragen, wenn er in schmale Felsritzen tritt.

HUF VON DER SEITE

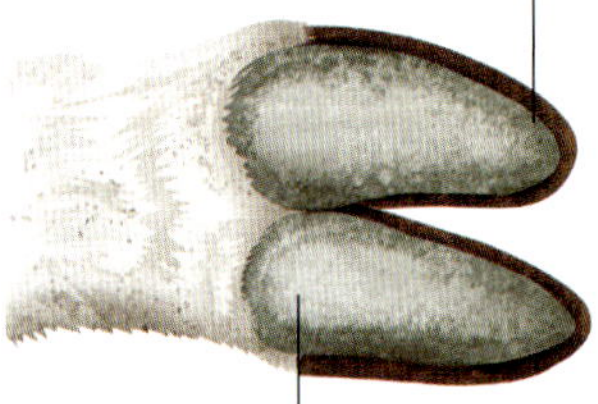

HUF VON UNTEN

Nubische Steinböcke werden in der Natur bis zu **16 Jahre** alt.

Kräfte messen
Erwachsene Böcke kämpfen mithilfe ihrer eindrucksvollen Hörner um Weibchen. Junge Steinböcke ahmen das spielerisch nach. Die Spielkämpfe finden oft in gefährlichem Gelände statt. Trotzdem passieren nur selten Unfälle.

Mutter und Kitz haben hellbraunes Fell. Damit sind sie in ihrem felsigen Lebensraum gut getarnt.

Ein junger Steinbock kann von klein auf an steilen Felswänden klettern, ohne dass er es lernen muss.

TOTAL TRITTSICHER

Ein Steinbock achtet zwar genau darauf, wo er hintritt, zeigt beim Klettern aber keine Angst. Diese Nubische Steinbockmutter klettert mit ihrem Kitz an einer fast senkrechten Felswand. Sie finden Halt auf Vorsprüngen, die kaum breit genug für die Hufe sind. Kein Raubtier würde es wagen ihnen zu folgen.

STOLZE MUTTER

Meist hat ein Steinbockweibchen nur ein Junges, seltener auch Zwillinge. Zunächst bekommen die Kitze Muttermilch, bald knabbern sie auch an Blättern. Die neugeborenen Kitze haben noch keine Hörner, aber die fangen früh an zu wachsen. Die Hörner wachsen ein Leben lang weiter und werden bei Böcken bis zu 127 cm lang.

BUCKELWAL

Walbabys werden von ihrer Mutter unter Wasser gesäugt.

Ein Buckelwalbaby ist bei seiner Geburt schon so lang wie ein Kleinwagen. Das Junge, das man Kalb nennt, kommt mit der Schwanzflosse voran unter Wasser zur Welt. Für seinen ersten Atemzug schubst die Walmutter ihr Baby an die Wasseroberfläche. Zum Überleben benötigt es ihren Schutz und ihre Milch. Bald schon trinkt das Kalb mehr als 40 Liter Milch am Tag. Nach einem Jahr ist es ungefähr doppelt so groß wie bei der Geburt.

Kunststücke
Buckelwale springen oft aus dem Wasser. Schon im jungen Alter ahmen die Kälber dieses Verhalten nach. Man weiß aber nicht, warum sie das tun. Vielleicht ist es eine Form der Verständigung oder sie werden dabei Hautparasiten los. Vielleicht macht es ihnen aber auch einfach nur Spaß!

GEMEINSAM AUF REISEN

Buckelwale unternehmen lange Wanderungen. Den Winter verbringen sie in der Nähe des Äquators. Dort kommen auch die Jungen zur Welt. Ein Walkalb bleibt immer eng bei seiner Mutter, ihre Körper berühren sich oft. Etwa drei Monate nach der Geburt machen sich die beiden auf die Reise in die Polarmeere, wo sie viel Nahrung finden. Fachleute glauben, dass die Wale so weniger leicht von Feinden entdeckt werden.

Luft holen
Buckelwale sind Säugetiere. Wie wir Menschen haben sie eine Lunge und müssen Luft atmen. Ihre Nasenlöcher, die sogenannten Blaslöcher, befinden sich oben auf dem Kopf. Mit einem Atemzug können sie mehrere Minuten lang unter Wasser bleiben.

Ausgewachsen ist ein Buckelwal bis zu **16 m** lang.

Bis es sicher schwimmen kann, bleibt das Kalb stets nah bei seiner Mutter.

Wenn Mutter und Kalb müde werden, greifen die Schwertwale an.

Gefährliche Meere
Während ihrer langen Wanderung werden Mutter und Kalb manchmal von Schwertwalen angegriffen, die man auch Orcas nennt. Schwertwale jagen zu mehreren. Um das Junge zu erbeuten, müssen sie die Mutter von ihrem Kalb trennen.

SEEKUH

Dieses Säugetier frisst unter Wasser Pflanzen.

Ein Seekuhbaby wiegt bei der Geburt bis zu **30 kg**.

Seekühe sind entfernte Verwandte der Elefanten. Doch außer der dicken Haut und dem Fressen von Pflanzen haben sie nicht viele Gemeinsamkeiten. Seekühe sind an ein Leben im Wasser angepasst. Ein Seekuhbaby wird unter Wasser geboren und bleibt sein Leben lang dort. In warmen tropischen Küstengewässern finden die Tiere reichlich Nahrung.

Die Nasenlöcher liegen weit oben am Kopf. Das erleichtert das Luftholen beim Auftauchen.

Mit den breiten Lippen können Seekühe gut Pflanzennahrung abweiden.

LANGE GEMEINSCHAFT

Ein Seekuhkalb bleibt bis zu zwei Jahre bei seiner Mutter und wird von ihr gesäugt. Das Kleine verständigt sich mit ihr über quietschende, grunzende und seufzende Laute. Zum Trinken nähert sich das Junge von hinten, denn die Zitzen der Mutter liegen in der Beuge unter den Flossen.

Erster Atemzug
Ein Seekuhkalb kann für seinen ersten Atemzug selbstständig an die Wasseroberfläche schwimmen. Die Falten in seiner Haut sind entstanden, weil das Kalb im Bauch der Mutter eingerollt war. Bis sie verschwunden sind, vergehen mehrere Wochen.

LEBEN UNTER WASSER

Seekühe haben wie alle Säugetiere Lungen. Deshalb müssen sie alle zwei bis vier Minuten auftauchen, um Luft zu holen. Weil sie sich im Flachwasser aufhalten, ist der Weg bis zur Oberfläche nicht weit. Wenn sie schlafen, können Seekühe bis zu 24 Minuten unter Wasser bleiben.

Unter Wasser schlafen
Wegen ihrer dichten, schweren Knochen sinken Seekühe problemlos auf den Grund. Dort können sie sich ausruhen oder schlafen. Manchmal schubbern sie sich auf dem Rücken liegend an Steinen. So kratzen sie sich an Stellen, die sie mit den winzigen Nägeln an ihren Flossen nicht erreichen.

Wiesen im Meer
Seekühe sind nach ihrem Verhalten benannt, weil sie unter Wasser wie Kühe Pflanzen abweiden. Schon im Alter von wenigen Wochen beginnen die Kälber an Seegräsern, Algen und Blättern von Mangrovenbäumen zu knabbern. Mit ihrer beweglichen Schnauze rupfen sie Pflanzenteile ab und stecken sie sich ins Maul.

DIE ERSTE ZEIT

Wenn ein Flamingoküken aus dem Ei schlüpft, trägt es weiche, graue Flaumfedern. Es hat einen kurzen, rosa Schnabel und rosa Beine. Diese werden aber schon bald schwarz. Nach wenigen Tagen verlässt das Kleine sein Nest und bildet mit vielen anderen Küken eine riesige Gruppe, die von erwachsenen Vögeln beschützt wird. Das Küken muss von den Eltern gefüttert werden, bis es mit etwa zehn Wochen für sich selbst sorgen kann.

Bei ausgewachsenen Flamingos färbt sich das Gefieder innerhalb von zwei bis drei Jahren rosa.

Das Gefieder der Mutter hält das Küken warm. Am rosa Schnabel erkennt man, dass es noch nicht einmal eine Woche alt ist.

FLAMINGO

Flamingoküken schlüpfen mit grauen Federn.

Flamingos sind Wasservögel mit langen Beinen und Hälsen. Ihre Nahrung finden sie im Flachwasser an der Meeresküste oder in Salzseen. Mit ihrem gebogenen Schnabel sieben sie winzige Tierchen und Algen aus dem Wasser. Junge Flamingos können das nicht, weil ihre Schnäbel noch nicht die richtige Form dafür haben. Sie werden von beiden Eltern mit einer besonderen Milch gefüttert, bis sie alt genug sind, um sich selbst zu versorgen.

Nistplatz
Alle Flamingoarten nisten in großen Kolonien – meist auf schlammigen Inseln dicht über dem Wasserspiegel. Manche Kolonien von Zwergflamingos in afrikanischen Seen bestehen aus Millionen von Vögeln. Jedes Paar bildet für sein Nest einen Hügel aus Schlamm und scharrt eine Kuhle in die Mitte. Dort legt das Weibchen ein einzelnes weißes Ei ab. Die Eltern brüten das Ei etwa einen Monat lang abwechselnd aus, bis das Küken schlüpft.

Zum Schutz der Eier und Küken liegt das Nest ungefähr 30 cm über dem Schlammboden.

ROTE NAHRUNG

Flamingos verdanken ihre leuchtende Gefiederfarbe ihrer Nahrung. Sie fressen oft Algen und kleine Tiere mit roten Farbstoffen. Diese Stoffe gelangen in die Haut und in die Federn der Vögel und färben diese rosa.

Kropfmilch
Bis die Küken selbst Nahrung suchen können, werden sie mit Kropfmilch ernährt. Diese eiweißreiche Masse geben die Eltern direkt in den Schnabel der Küken. Kropfmilch gibt es nur bei Flamingos, Tauben und männlichen Kaiserpinguinen.

Filterschnabel
Wenn das Küken wächst, ändert der Schnabel seine Form und bekommt kammartige Fransen am Rand. Mit der Zunge presst der Vogel Wasser durch diesen Filter, sodass kleine Tierchen und Algen hängen bleiben.

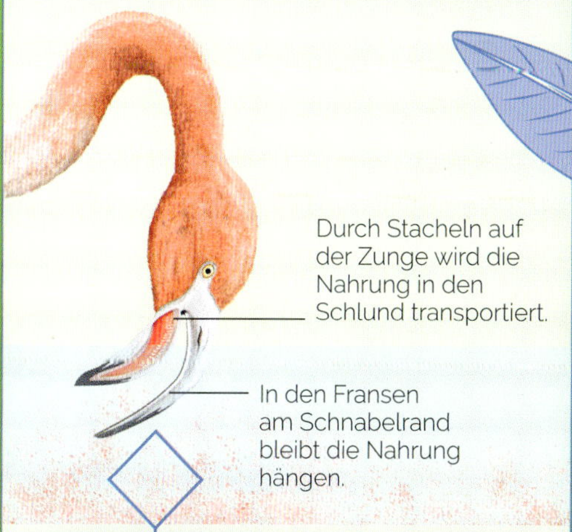

Flamingos fressen am liebsten kleine Tiere wie solche Salinenkrebse.

KINDERGARTEN

Wenn Flamingoküken ihre Nester verlassen, bilden sie große Gruppen, die von erwachsenen Vögeln bewacht werden. Solange die Küken selbst noch keine Nahrung aus dem Wasser sieben können, werden sie von ihren Eltern gefüttert. Mutter und Vater erkennen ihr Junges im Gewimmel an der Stimme.

KINDERSTUBE AM SEE

Die Beine von Haubentauchern sitzen weit hinten am Körper. Das ist zwar praktisch fürs Schwimmen und Tauchen, erschwert aber das Laufen. Damit sie an Land nicht stolpern, bauen Brutpaare ihr Nest am Rand von Gewässern. Von dort können sie einfach ins Wasser gleiten.

Schwimmendes Nest
Oft bauen Haubentaucher ihr Nest auf einem Polster aus Wasserpflanzen am Rand eines Gewässers. Manchmal befestigen sie auch ein schwimmendes Nest an Wasserpflanzen. Das Weibchen legt meist vier Eier, die beide Eltern abwechselnd ausbrüten. Bei Gefahr können die Vögel schnell ins Wasser fliehen. Vorher bedecken sie aber die Eier noch mit Pflanzen. So sind sie gut versteckt.

Die Küken schlüpfen in der Reihenfolge der Eiablage.

Schlüpfen
Nach etwa vier Wochen schlüpfen die Küken. Der Reihe nach picken sie sich aus ihrem Ei. Die schlüpfenden Küken tragen flauschige Daunenfedern, haben die Augen bereits geöffnet und sind von Anfang an sehr aktiv. Schon nach ein paar Stunden können sie das Nest verlassen und ihren Eltern aufs Wasser folgen. Dort sind sie vor Füchsen und anderen Landraubtieren sicher.

HAUBENTAUCHER

Die gestreiften Haubentaucherküken genießen Ausfahrten auf dem Rücken der Eltern.

Haubentaucher sind sehr hübsche Wasservögel. Im Sommer brüten sie in Sümpfen oder an Seen, den Winter verbringen sie oft an der Meeresküste. Die eleganten Vögel tragen auffällige Federbüschel auf dem Kopf. Bei Aufregung können sie diese Federn zu einem prächtigen Fächer aufstellen. Die Küken sind nach dem Schlüpfen schon sehr aktiv und verlassen bald das Nest. Anfangs lassen sie sich von ihren Eltern durchs Wasser tragen, bis sie selbst schwimmen, tauchen und Nahrung finden können.

Haubentaucherküken sind an Kopf und Hals auffällig schwarz-weiß gestreift.

Schwimmunterricht
Die erwachsenen Haubentaucher bringen ihren Küken das Schwimmen bei, indem sie einfach untertauchen, während die Kleinen auf ihrem Rücken sitzen. Dadurch gleiten die Küken auf die Wasseroberfläche. In der Nähe der Jungen tauchen die Eltern dann wieder auf und locken die Küken zu sich. Wenn die Kleinen erst einmal schwimmen können, lernen sie bald, nach Nahrung zu tauchen.

HUCKEPACK

Auf dem Wasser tragen die Eltern ihre Küken huckepack. Das hält die Jungen warm und schützt sie vor Angriffen von unten, zum Beispiel von hungrigen Hechten. Die Eltern teilen die Küken meist untereinander auf und nehmen jeweils zwei ihrer Kinder auf dem Rücken mit. Wenn die Küken älter und sicherer werden, beginnen sie dann selbst zu schwimmen.

Die Küken lassen sich mehrere Wochen lang von den Eltern tragen – außer, wenn sie gerade schwimmen lernen.

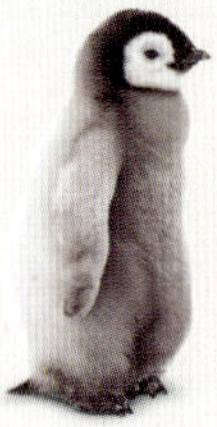

PINGUIN

Das Leben von Kaiserpinguinen beginnt in einer der rauesten Gegenden auf der Erde.

Kaiserpinguine müssen ihre Eier im Winter legen und ausbrüten, damit ihre Küken im kurzen Sommer der Antarktis aufwachsen können. In dem kalten und extremen Lebensraum der Eiswüste am Südpol hält es kaum ein anderer Vogel aus.

Beschütztes Ei
Kaiserpinguine sammeln sich zum Brüten auf dem Meereis nahe der Küste. Jedes Weibchen legt ein einzelnes Ei und übergibt es dem Männchen. Dann kehrt das Weibchen zum Fressen ins Meer zurück. Das Männchen brütet das Ei 64 Tage lang aus. Dabei liegt das Ei auf Papas Füßen, damit es das Eis nicht berührt. Das Männchen hält das Ei in einer Hautfalte an seinem Bauch warm.

Trotz seiner Daunenfedern muss sich das Küken zum Schutz vor dem bitterkalten Wind in der Antarktis in das warme Bauchgefieder der Eltern kuscheln.

Pinguineltern erkennen ihr Küken an der Stimme und antworten mit ihrem eigenen Ruf. Da kann es ganz schön laut werden!

KOSTBARE KÜKEN

Während der langen Brutzeit können die männlichen Kaiserpinguine nichts fressen. Die Väter drängen sich dicht aneinander und stellen sich abwechselnd in die Mitte der Gruppe, wo es am wärmsten ist. Auch nach dem Schlüpfen werden die Küken von ihren Vätern gewärmt. Die Männchen füttern die Jungen mit nahrhafter Kropfmilch.

Zeit zum Füttern
Wenn das Küken wenige Tage alt ist, kehrt seine Mutter aus dem Meer zurück und bringt dem hungrigen Nachwuchs Nahrung. Dazu legt sie bis zu 200 km über das Eis zurück. Das Männchen hat inzwischen fast vier Monate lang gehungert und kann nun endlich zum Fischfang ins Meer zurückwandern.

Eine Kolonie von Kaiserpinguinen kann aus über **5000 Vögeln** bestehen.

Zwischen der lockeren, befiederten Haut am Bauch der Erwachsenen findet das Küken einen geschützten Platz.

Acht Wochen lang tragen die Eltern das Küken abwechselnd auf ihren Füßen.

LEBEN IN DER KÄLTE

Im Herzen der Antarktis ist es zwar noch kälter, aber auch auf dem Meereis sinkt die Lufttemperatur im Winter bis auf klirrende –20 °C. Eine dicke Fettschicht unter dem dichten Gefieder hält die Pinguine und ihre Küken warm.

Erste Federn
Während der ersten Wochen sind die Küken auf die Wärme ihrer Eltern angewiesen. Allmählich wächst den Jungen ein dickes Daunengefieder, das nahe der Haut eine warme Luftschicht speichert. So sind sie vor dem eiskalten Wind geschützt. Später fallen die Daunen aus und werden durch fettige, wasserfeste Federn ersetzt, mit denen die Pinguine gut schwimmen und tauchen können.

Auf ins Meer
Wenn im Sommer das Meereis aufbricht, machen die Küken ihre ersten Versuche im Schwimmen und Tauchen. Es dauert nicht lange und sie schießen blitzschnell durch das Wasser – angetrieben von ihren Flügeln und Füßen. Schon bald können sie auch selbst Beute fangen. Dafür tauchen sie tief unter Wasser nach Fischen, Tintenfischen und kleinen Krebsen, die man Krill nennt.

GRUPPENKUSCHELN

Im Alter von ungefähr zwei Monaten stellen sich junge Kaiserpinguine in Gruppen ganz eng zusammen. Sie kuscheln sich aneinander, halten sich so gegenseitig warm und schützen einander vor dem garstigen Wetter. So überstehen sie selbst eisige Schneestürme in Orkanstärke.

RIESENBABY

Ein junger Kuckuck ist viel größer als seine Zieheltern und sieht ganz anders aus. Trotzdem füttern sie ihn immer weiter, selbst wenn ihm schon alle Federn gewachsen sind und er das Nest verlassen hat. Schon kurz danach fliegt der Kuckuck zum Überwintern nach Afrika – erstaunlicherweise ganz allein und ohne die Anleitung seiner echten Eltern.

Ein Kuckucksweibchen legt bis zu **23 Eier** in verschiedene Nester.

AUSGETRICKST

Kluge List
Das Kuckucksweibchen spioniert ein Singvogelnest aus, stiehlt daraus ein Ei und legt stattdessen ein eigenes hinein. Ihr Ei ist ein wenig größer als die anderen im Nest, sieht sonst aber gleich aus. Der Singvogel merkt das nicht und brütet es zusammen mit den eigenen Eiern aus.

Killerinstinkt
Kaum ist das noch blinde und nackte Kuckucksküken geschlüpft, schubst es die anderen Eier mit seinem Rücken über den Rand des Nestes, sodass sie auf den Boden fallen. Auf diese Weise muss der Kuckuck die von den Zieheltern mitgebrachte Nahrung nicht teilen.

KUCKUCK

Ein Kuckuck lernt seine echten Eltern nie kennen.

Der junge Kuckuck wiegt zehnmal so viel wie seine Zieheltern.

Den „Kuckuck"-Ruf der männlichen Kuckucke im Frühling kennt wohl jeder. Der Kuckuck ist aber auch dafür bekannt, dass er seine Eier in die Nester anderer Vögel legt. Diese Singvögel ziehen das Kuckucksküken auf, obwohl es ihre eigenen Eier zerstört und die Küken tötet.

Gnadenlos
Wenn aus einem der Singvogeleier schon ein Küken geschlüpft ist, ergeht es diesem genauso. Es kann sich nicht gegen das viel stärkere Kuckucksküken wehren. Das aus dem Nest geworfene Küken wird von seinen Eltern nicht mehr beachtet und verhungert.

Hungriges Küken
Wenn der Kuckuck das Nest für sich allein hat, kann er das gesamte Futter fressen, das die Zieheltern für mehrere Küken herbeischaffen. Angespornt durch die bettelnden Rufe stopfen die Zieheltern Insekten in den aufgesperrten, leuchtend orangefarbenen Schnabel des Kuckucks.

STRAUSS

Straußenküken sind sehr wachsam.

Strauße sind die größten Vögel der Welt und leben in den trockenen Savannen Afrikas. Mit ihren kurzen Flügeln und flauschigen Daunenfedern können sie nicht fliegen. Ein Männchen paart sich mit mehreren Weibchen und kümmert sich um alle Eier und Küken.

Die flauschigen Daunenfedern wirken wie ein Fell und halten die Küken warm.

GROSSFAMILIE

Während der Fortpflanzungszeit beansprucht jedes Straußenmännchen ein eigenes Territorium. Mit lauten Rufen und Balztänzen lockt der Hahn mehrere Weibchen an. Diese legen ihre Eier in ein gemeinsames Nest. Ein solches Straußennest kann am Ende bis zu 60 Eier enthalten.

Nistplatz
Ein Weibchen, die Henne, bleibt zusammen mit dem Männchen bei den Eiern. Sechs Monate lang bebrüten sie abwechselnd die Eier, die Straußenhenne tagsüber, der Hahn nachts. Wenn das Nest zu klein für alle Eier ist, beseitigt die Henne ein paar davon, allerdings nur die von anderen Hennen. Die Küken werden nach dem Schlüpfen von den Erwachsenen gut bewacht und mit ausgebreiteten Flügeln vor der heißen Mittagssonne geschützt.

Feinde verjagen
Das Männchen und das dominante Weibchen sind sehr fürsorglich und verteidigen ihre Brut vor allen Gefahren. Wenn sich ein hungriger Löwe oder eine Hyäne nähert, täuscht der Hahn eine Verletzung vor. Damit lenkt er den Angreifer ab, während die Henne die Jungen in Sicherheit bringt. Selbst eine harmlose Gazelle wird mit heftigen Flügelschlägen verjagt.

ZUSAMMENHALT

Straußenküken sind nach dem Schlüpfen sofort aktiv und können sich selbst Nahrung suchen. Zur Sicherheit bleiben sie aber zusammen und halten gemeinsam nach Feinden Ausschau. Wenn sie sich sicher fühlen, picken sie am Boden Samen auf und suchen nach Insekten und anderer Nahrung.

Strauße legen von allen Vögeln die **größten Eier**.

Mit ihren großen Augen können Straußenküken gut sehen und Gefahren sofort erkennen.

KAUZ

Junge Bartkäuze lernen ihre Beute im Stockdunklen zu jagen.

Käuze gehören zu den Eulen. Mit ihren großen, nach vorn gerichteten Augen in einem Federkranz sind Eulen unverwechselbar. Der riesige, geisterhafte Bartkauz gehört zu den größten Eulen und bewohnt die Wälder im Norden. Wie die meisten Eulen jagt er nachts Mäuse und andere kleine Tiere. Er packt die Beute mit seinen scharfen Krallen und verschlingt sie im Ganzen. Die Beutetiere spürt er vor allem mit seinem Gehör auf, beim nächtlichen Fliegen zwischen den Bäumen findet er sich auch mit den Augen zurecht. Junge Eulen müssen diese Fähigkeiten schon früh lernen, werden aber die ersten Monate nach dem Schlüpfen von ihren Eltern versorgt.

Einen Tag alt
Ein Bartkauzweibchen legt gewöhnlich vier Eier. Nach vier Wochen schlüpfen daraus die Küken. Beim Durchbrechen der Eierschale hilft ihnen ein kräftiger, weißer Eizahn auf dem Schnabel, der bald nach dem Schlüpfen abfällt. Ihre flauschigen, weißen Daunenfedern halten die Küken in kalten Nächten warm.

Beide Eltern verteidigen ihr Nest vor Feinden – sogar vor Bären.

NEST IM BAUMSTUMPF

Einige Eulen nisten am Boden oder sogar in Erdbauen. Die meisten nutzen aber Baumhöhlen, alte Gebäude oder verlassene Nester von anderen Vögeln. Dieser Bartkauz hat einen hohlen Baumstumpf gewählt. Dort ist er mit seinem gefleckten Gefieder bestens getarnt. Die Mutter bleibt bei den Jungen und wärmt sie, während der Vater Nahrung für die Familie beschafft.

Der erste Flug
Im Alter von etwa sechs Wochen sind bei den jungen Bartkäuzen alle Federn entwickelt. Dann bereiten sie sich auf ihren ersten Flug vor. Dazu spreizen sie ihre Flügel und trainieren die Muskeln. Anfangs klappt das Fliegen noch nicht so gut. Deshalb bleibt ihr Vater noch weitere zwei bis drei Monate bei ihnen, bis sie selbstständig jagen können.

Weil die Gesichtsfedern noch nicht gewachsen sind, sieht das Küken noch nicht aus wie eine Eule.

Eulenküken sind in flauschige, wärmende Daunenfedern gehüllt.

HUNGRIGE KÜKEN

Ein ausgewachsener Bartkauz könnte so ein kleines Säugetier im Ganzen hinunterschlucken. Um ihre Küken zu füttern, zerreißt die Mutter die Beute aber in kleine Stücke. Schon bald verlassen die jungen Käuze das Nest und hocken in nahe gelegenen Bäumen. Ihre Mutter füttert sie aber so lange, bis sie fliegen können.

KINDERSTUBE IM BAUM

Ideales Zuhause
Das farbenprächtige Entenmännchen und das Weibchen müssen eine bereits fertige Baumhöhle finden, weil sie selbst keine anlegen können. Am besten eignet sich eine verlassene Spechthöhle.

Frisch geschlüpft
Das Weibchen legt bis zu 15 Eier in die Baumhöhle und brütet sie etwa einen Monat lang aus. Beim Schlüpfen sind die Küken mit flauschigen Daunenfedern bedeckt, haben aber nur kurze Stummelflügel.

Hoch oben und hungrig
Die Eltern bringen den Küken nichts zu fressen. Deshalb müssen die Jungen den Sprung nach unten wagen. Sobald sie auf dem Boden angelangt sind, beginnen sie mit der Nahrungssuche.

BRAUTENTE

Schon am Tag nach dem Schlüpfen schwingen sich Brautentenküken in die Lüfte – ohne Flügel!

Enten sind Wasservögel und nisten meist am Ufer. Es gibt aber auch einige Entenarten, die in Baumhöhlen brüten, zum Beispiel die amerikanische Brautente. Für die Küken ist das eine Herausforderung. Wie alle Entenküken sind sie gleich nach dem Schlüpfen aktiv und müssen Nahrung suchen. Aber sie können noch nicht fliegen. Wie sollen sie also aus ihrem Nest ins Wasser kommen? Der Sprung aus der Baumhöhle in die Tiefe erfordert eine ganze Menge Mut!

Wie ihre Eltern haben auch die Entenküken einen abgeflachten Schnabel, mit dem sie Fressbares von der Wasseroberfläche sieben können.

Scharfe Krallen an den Füßen geben den Brautenten sicheren Halt, wenn sie auf einem Baum sitzen.

WAGEMUTIGER SPRUNG

Innerhalb eines Tages nach dem Schlüpfen verlassen die Küken das Nest. Die Mutter spornt sie an, indem sie vom Boden aus ruft. Daraufhin krabbeln die Küken zum Eingang der Höhle. Eines nach dem anderen stößt sich ab und springt. Weil die Küken noch so leicht sind, verletzen sie sich dabei nicht.

Reich gedeckter Tisch
Nach ihrem Sprung auf den Boden folgen die Küken ihrer Mutter zum nächsten Gewässer. Dort beginnen sie sofort nach Nahrung zu suchen. Unter den wachsamen Augen der Mutter sammeln sie schwimmende Samen und schnappen sich alle Insekten und Kleintiere, die sie erwischen können.

Ein Brautentenküken muss bis zu **18 m** in die Tiefe springen.

Die weichen Daunen halten das Küken warm und federn den Sturz aus der Nisthöhle im Baum ab.

SPECHT

Junge Spechte wachsen in einem Nest in einer Baumhöhle auf.

Spechte sind dafür bekannt, dass sie mit ihrem Schnabel Löcher in Bäumstämme hämmern. Dabei suchen sie meist nach Insekten. Während der Brutzeit zimmern Spechte aber auch Nisthöhlen. Dort können die Küken warm, trocken und auch sicher heranwachsen, solange die Eltern aufpassen. Von Spechten verlassene Höhlen werden oft von anderen Vögeln zum Brüten genutzt.

Manche Spechte nutzen **10 Jahre lang** dieselbe Nisthöhle.

AMEISENFRESSER

Spechte haben eine erstaunlich lange Zunge. Sie reicht weit über die Schnabelspitze hinaus und eignet sich bestens zum Fang von Insekten. Dieser Grünspecht holt damit Ameisen aus ihrem Nest und verfüttert sie an seine Jungen.

Zunge
Die Zunge des Spechts verläuft durch den gesamten Schädel und aus seinem Schnabel hinaus. Er kann sie bis zu einem Drittel seiner Körperlänge ausstrecken.

Perfektes Versteck
Zum Bau einer Nisthöhle wählen Spechte oft morsches Holz, weil es weicher und leichter zu bearbeiten ist. Dieses Grünspechtweibchen hat eine gute Stelle gefunden. Der Eingang führt zur tiefer gelegenen Nistkammer. Dort wird das Weibchen seine Küken aufziehen.

LIEFERDIENST

Nach dem Schlüpfen beschützen die Eltern ihre Jungen abwechselnd vor Feinden wie Krähen. Der andere Elternteil geht solang auf Insektenjagd. Diese Grünspechtmutter muss mit ihrem Partner mehr als 1,5 Millionen Ameisen fangen, um die wachsende Familie zu ernähren.

Der Jungvogel klammert sich an die Wand der Nistkammer, damit er durch das Eingangsloch fressen kann.

Der erwachsene Specht würgt hinuntergeschluckte Beute wieder hervor und füttert das Junge damit.

ELEGANTE GLEITFLIEGER

Albatrosse sind darauf spezialisiert, sehr weite Strecken über dem Meer zurückzulegen. Sie breiten ihre langen, schmalen Flügel aus und lassen sich im Gleitflug vom Wind tragen. Die Küken lernen das instinktiv, wenn sie auf sich selbst gestellt sind.

Der erste Flug
Vier Wochen nach dem Schlüpfen sind dem jungen Schwarzbrauenalbatros alle Flugfedern gewachsen. Zu dieser Zeit haben seine Eltern ihn schon verlassen. Der Jungvogel muss seine ersten Flugversuche machen, ohne ihrem Beispiel folgen zu können. Er streckt seine Flügel aus, flattert und übt für den großen Augenblick, in dem er sich zum ersten Mal in die Luft erhebt.

Vom Wind getragen
Ist der junge Albatros erst einmal in der Luft, gewinnt er gegen den Wind gleitend an Höhe. Dann dreht er ab und stößt mit hoher Geschwindigkeit hinab in Richtung der Wellen. Anschließend dreht er sich wieder in den Wind und gewinnt an Höhe. Das kann er stundenlang wiederholen. Hilfreich ist dabei eine besondere Anpassung, die seine Flügel in ausgestreckter Stellung einrasten lässt. Es muss nur zum Abheben vom Wasser nach dem Beutefang mit den Flügeln schlagen.

ALBATROS

Ein junger Albatros lernt schon früh allein zu bleiben.

Wie alle Albatrosse lebt auch der Schwarzbrauenalbatros fast ausschließlich in der Luft über dem Meer. Er segelt über das kalte, stürmische Südpolarmeer rund um die Antarktis. Zum Brüten muss er jedoch an Land gehen. Abatrosse bilden dichte Kolonien auf abgelegenen, windumtosten Inseln. Dort gibt es keine Landraubtiere, die ihre Küken gefährden könnten.

GROSSE GRUPPE

In riesigen Kolonien versammeln sich bis zu 180 000 Brutpaare und bauen ihre Nester aus Schlamm und vertrocknetem Gras. Ein Paar bebrütet sein einzelnes Ei abwechselnd etwa zehn Wochen lang. Obwohl das Küken flauschige Daunen hat, müssen die Eltern es in dem kalten Klima wärmen. Nach 20 Tagen kann das Küken allein bleiben, während die Eltern jagen gehen.

Nahrhaftes Essen

Während der ersten Lebenstage ihres Kükens wechseln sich die Eltern beim Beutefang im Meer ab. Sie jagen Fische, Tintenfische und kleine Krebse, die man Krill nennt. Mit dem Bauch voll Nahrung kehren sie an Land zurück. Einen Teil davon würgen sie mit einem energiereichen, öligen Stoff aus dem Magen hervor und füttern damit das Küken im Nest. Das Junge wächst durch die fettreiche Nahrung so gut, dass es schwerer wird als seine Eltern.

Schwarzbrauenalbatrosse verdanken ihren Namen den dunklen Linien am Kopf, die an Augenbrauen erinnern.

LANGES WARTEN

Die Albatrosküken hocken geduldig auf ihren Schlammnestern und hoffen, dass bald ein Elternteil mit Futter kommt. Manchmal müssen sie mehrere Tage warten, denn die Eltern legen auf Beutefang weite Strecken zurück. Durch die nährstoffreiche, fettige Nahrung sind die Küken aber bis zur nächsten Mahlzeit gut versorgt.

STEINADLER

Steinadlerküken müssen in den ersten Tagen ums Überleben kämpfen.

Der Steinadler ist einer der kraftvollsten und am weitesten verbreiteten Greifvögel. Er lebt weltweit in Naturlandschaften nördlich des Äquators. Bei der Jagd segelt er in aufsteigenden Winden und hält dabei nach Beute am Boden Ausschau. Dann stößt er herab und packt sie mit seinen scharfen Krallen. Adlerpaare bleiben ein Leben lang zusammen und besetzen ein großes Revier mit mehreren Nistplätzen.

Wenn die Nahrung knapp ist, verhindert das größere Küken, dass das kleinere etwas davon abbekommt.

Schon kleine Küken haben einen Hakenschnabel zum Zerteilen der Beute.

ERBE UND ERSATZ

Das Weibchen legt im Abstand von einigen Tagen zwei bis drei Eier. Es beginnt sofort, das erste Ei auszubrüten. Wenn das letzte Küken schlüpft, ist das älteste deshalb bereits weit entwickelt und schnappt sich fast alles Futter, das ans Nest gebracht wird. Bei wenig Nahrung ist dadurch das Überleben wenigstens eines Kükens gesichert. Das jüngste überlebt nur bei genug Nahrung für alle oder wenn das ältere stirbt.

Mahlzeit
Der Vater bringt die Beute ans Nest. Die Mutter zerteilt die Nahrung mit ihrem hakenförmigen Schnabel und verfüttert sie an die Jungen. Ab einem Alter von etwa einem Monat machen die Küken es ihr nach und reißen selbst Stücke von der Beute ab.

Es dauert etwa **36 Stunden**, bis ein Adlerküken ganz aus dem Ei geschlüpft ist.

FELSIGES NEST

Manche Steinadler nisten in hohen Bäumen. Meist bevorzugen sie aber Felsvorsprünge an Steilwänden, die nur aus der Luft zu erreichen sind. Hier hat das Paar ein großes Nest aus Zweigen gebaut. Es wird jedes Jahr vor der Eiablage ausgebessert und vergrößert.

Ein frisch geschlüpftes Küken bleibt erst einmal erschöpft im Nest liegen.

Schlüpfen
Die Eier werden etwa 43 Tage lang ausgebrütet – meist von der Mutter, die währenddessen vom Vater mit Nahrung versorgt wird. Trotz ihres flauschigen, weißen Daunengefieders müssen die Küken mindestens 20 Tage lang von den Eltern gewärmt werden. Das zuerst geschlüpfte Küken frisst schon bald von der Beute, die sein Vater bringt. Bis das nächste schlüpft, hat es sein Gewicht fast verdoppelt.

Bereit zu fliegen
Nur selten überlebt mehr als ein Steinadlerküken die ersten drei Lebenswochen. Für diese langlebigen Vögel reicht es aber aus, wenn sie nur ein Küken pro Jahr aufziehen. Bis zum Alter von etwa vier Wochen wird das Daunengefieder durch die bleibenden dunklen Federn ersetzt. Nach weiteren sieben Wochen ist der junge Adler bereit für seinen ersten Flug.

ANS LICHT DER WELT

Nach etwa sieben Wochen Entwicklung im Ei ist das Baby einer Grünen Meeresschildkröte bereit zu schlüpfen. Es befreit sich aus seinem ledrigen Ei und macht seinen ersten Atemzug. Danach steht ihm der gefährliche Weg ins Meer bevor.

Mit einem kleinen, zahnähnlichen Vorsprung am Kopf öffnet das Schildkrötenbaby die Schale.

Eier von Meeresschildkröten sind im Gegensatz zu den harten, zerbrechlichen Vogeleiern weich und formbar.

LEBENSZYKLUS

Verstecktes Nest

Die weiblichen Meeresschildkröten legen ihre Eier an dem Strand ab, an dem sie selbst geschlüpft sind. Um dort hinzukommen, müssen manche bis zu 2600 km weit schwimmen. Am Strand graben sie eine Kuhle und legen bis zu 200 Eier hinein. Danach bedecken sie die Eier mit Sand und kehren ins Meer zurück.

Gemeinsamer Start

Ein frisch geschlüpftes Schildkrötenbaby wartet gewöhnlich einige Tage in dem Versteck im Sand, bis all seine Geschwister ebenfalls geschlüpft sind. Nachts graben sie sich dann alle zusammen aus. Der lange Weg ins Meer ist für alle gemeinsam nämlich viel weniger gefährlich.

MEERESSCHILDKRÖTE

Nur mit viel Glück überlebt eine junge Meeresschildkröte die ersten Lebenstage.

Meeresschildkröten sind hervorragend an das Leben im Wasser angepasst. Nur zum Eierlegen müssen sie an Land gehen. Die Weibchen vergraben die Eier am Strand, wo die Wellen sie nicht erreichen. Anschließend kehren die Weibchen ins Meer zurück. Die Babys schlüpfen alleine und müssen dann den gefährlichen Weg ins Wasser finden.

Das Baby schlüpft mit voll entwickelten Flossen. So kann es schwimmen, sobald es das Meer erreicht hat.

BLICK INS EI

Unter der weichen Schale ähnelt das Ei einer Schildkröte einem Vogelei. Der Embryo erhält alle nötigen Nährstoffe aus dem Dotter. Alle Abfallstoffe werden bis zum Schlüpfen in der embryonalen Harnblase (Allantois) gespeichert.

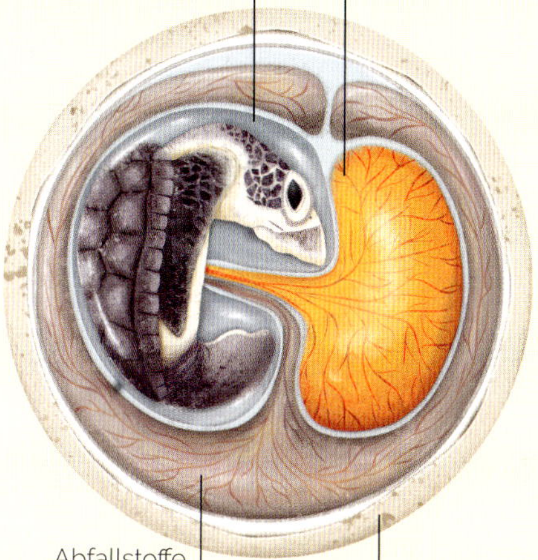

Wettlauf ums Überleben
Die über den Strand zum Wasser laufenden Schildkrötenbabys sind eine leichte Beute für zahlreiche Feinde. Dazu zählen Möwen, Füchse und sogar hungrige Geisterkrabben. Viele der jungen Schildkröten überleben diese Wanderung nicht. Im Meer lauern dann weitere Gefahren.

Leben im Meer
Wenn Meeresschildkrötenbabys den Räubern am Strand entkommen sind und das Wasser erreicht haben, schwimmen sie weit ins Meer hinaus. Bis zu fünf Jahre lang ziehen sie durch die Ozeane. Danach halten sie sich in warmen, seichten Küstengewässern auf und fressen vor allem Seegras und Tang.

Wachposten

Die Krokodilmutter gräbt an einem sandigen Flussufer ein Loch und legt bis zu 80 Eier hinein. Danach bedeckt sie das Gelege mit Sand. Drei Monate lang bewachen die Eltern abwechselnd das Nest. Wenn die Mutter die Schlupfrufe der Babys hört, gräbt sie das Nest aus. Jetzt beginnen die Krokodilbabys die Eierschalen mit ihrem winzigen Eizahn zu öffnen. Das ist eine Verhärtung der Haut oben auf der Schnauze. Die Mutter hilft den Babys, indem sie mit den Zähnen vorsichtig die Schale knackt.

Die Nasenlöcher sitzen genau wie die Augen und Ohren ganz oben am Kopf. So kann das Krokodil direkt unter der Wasseroberfläche lauern und trotzdem atmen.

MÄNNLICH ODER WEIBLICH?

Welches Geschlecht ein Krokodil hat, hängt von der Temperatur im Nest ab. Bei mittlerer Wärme entwickeln sich in den Eiern Männchen, bei sehr niedrigen oder hohen Temperaturen wachsen Weibchen heran.

KROKODIL

Krokodilbabys rufen nach ihrer Mutter, wenn sie zum Schlüpfen bereit sind.

Nilkrokodile leben an Flussufern, Seen und Sümpfen in Afrika. Sie gelten zwar als furchterregend, aber die Weibchen sind sehr fürsorgliche Mütter. Wenn es für die Babys Zeit ist, aus dem Ei zu schlüpfen, beginnen sie zu quäken. Auf dieses Zeichen hin gräbt die Mutter das Nest aus. Sie hilft den Babys sogar, vorsichtig die Schale zu öffnen. Später beschützt sie ihre Jungen, bis sie etwa zwei Jahre alt sind.

Die Augen ähneln denen von Katzen. Im hellen Sonnenlicht verengen sich die Pupillen zu senkrechten Schlitzen. Bei Nacht sind sie für bessere Sicht weit geöffnet.

KLEINES EI

Das Ei eines Krokodils ist kaum größer als ein Hühnerei. Da ein Krokodil beim Schlüpfen fast so lang ist wie ein großes Lineal, hat es darin nicht viel Platz. Die Eierschale besteht aus zwei Schichten. Die äußere ist fester, die innere weicher. Die Schale enthält Mineralien, die für das Knochenwachstum wichtig sind.

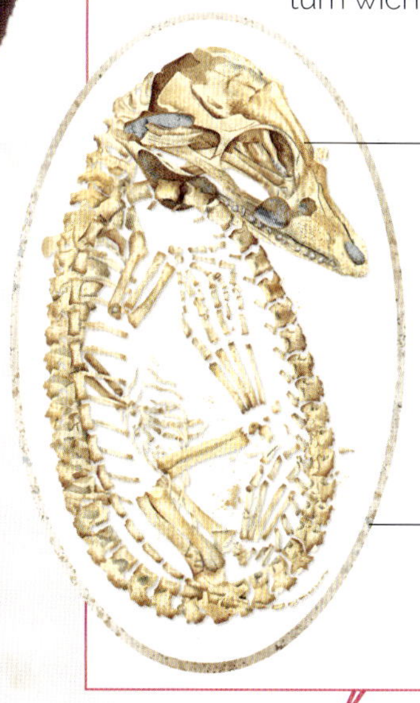

Ein Krokodilbaby muss sich in dem kleinen Ei eng zusammenrollen.

Die äußere Schicht ist hart wie bei einem Vogelei.

IN SICHERHEIT

Ausgewachsene Nilkrokodile können bis zu 5 m lang werden, aber frisch geschlüpfte Babys sind nur etwa 28 cm groß. Damit sind sie leichte Beute für Räuber wie Warane und Schlangen. Zum Schutz trägt die Mutter die frisch geschlüpften Babys in ihrem Maul ins Wasser. Dort jagen sie Insekten und Fische.

SCHLÜPFLINGE

Eine Komodowaran-Mutter kümmert sich allein um ihre Eier, der Vater beteiligt sich nicht. Sie kann sogar gelegentlich ohne Paarung mit einem Männchen Eier legen, aus denen Babys schlüpfen. Das ist vorteilhaft, wenn ein Weibchen keinen Partner findet. Aus solchen unbefruchteten Eiern schlüpfen ausschließlich männliche Babys.

Gelege
Das Weibchen legt etwa 20 Eier in eine Höhle oder in ein verlassenes, mit Zweigen gepolstertes Nest eines bestimmten Vogels, des Großfußhuhns. Die Mutter bewacht das Gelege ungefähr acht Monate lang und vertreibt alle anderen Komodowarane. Denn die würden die Eier sonst fressen.

Bereit zum Schlüpfen
Komodowaran-Babys haben auf ihrer Schnauze ein harte Erhebung, den Eizahn. Damit befreien sie sich aus der Eischale. Das ist ziemlich anstrengend. Wenn sie es geschafft haben, sind sie auf sich allein gestellt und müssen aufpassen, dass sie nicht zur Beute von Räubern werden.

Junge Komodowarane haben auffällige Muster, Erwachsene sind grau.

KOMODOWARAN

Junge Komodowarane flüchten unmittelbar nach dem Schlüpfen auf einen Baum.

Kaum aus dem Ei geschlüpft, droht einem jungen Komodowaran Gefahr: Wenn er sich nicht schleunigst auf einen Baum rettet, wird er von den eigenen Eltern gefressen! Beim Schlüpfen sind die Echsen nur etwa 40 cm lang. Sie wachsen aber schließlich zu den größten Echsen mit bis zu 3 m Länge heran. Erwachsene Komodowarane sind eindrucksvolle Jäger mit scharfen Krallen und brutalem Biss.

Komodowarane leben nur auf **Inseln in Indonesien**.

LEBEN AUF BÄUMEN

Ein junger Komodowaran kann nur überleben, wenn er die ersten beiden Lebensjahre auf Bäumen verbringt. Erst dann ist er groß genug für das Leben am Boden. Anfangs ernährt er sich von Schlangen, Vögeln, Insekten und kleinen Echsen. Bei Begegnungen mit anderen jungen Waranen muss er schnell abschätzen, ob er sie frisst oder besser flüchtet.

Die Schuppen junger Warane sind noch nicht so fest wie die ihrer Eltern. Harte Schuppen entwickeln sich erst später.

Komodowarane haben bei Tag ein ausgezeichnetes Sehvermögen, um Beutetiere zu erspähen.

CHAMÄLEON

Chamäleons haben ihren Jagdinstinkt schon von Geburt an.

Chamäleons sind dafür bekannt, dass sie je nach Stimmung ihre Farbe wechseln können. Sie leben hauptsächlich auf Bäumen in tropischen Regenwäldern und haben sich auf die Insektenjagd spezialisiert. Die meisten Arten legen wie andere Echsen Eier. Manche jedoch behalten die Eier bis zum Schlüpfen im Körper. Sie bringen dann lebende Junge zur Welt, die wie kleine Ausgaben ihrer Eltern aussehen.

Dreihornchamäleons bekommen bis zu **30 Babys**.

MINI-CHAMÄLEON

Ein ausgewachsenes männliches Dreihornchamäleon besitzt drei lange Hörner. Damit kann es sich gegen Widersacher behaupten. Einem Neugeborenen fehlen diese Hörner noch und es ist viel kleiner. Ansonsten sieht es aber fast so aus wie die Eltern und muss das Jagen nicht lernen. Es weiß von Anfang an, wie man sich an Beute anpirscht und sie fängt.

Nur die männlichen Dreihornchamäleons besitzen drei Hörner.

GEZIELTE JAGD

Schon kurz nach der Geburt fängt ein junges Chamäleon an Insekten zu jagen. Mit seinen äußerst beweglichen Augen peilt es seine Beute an und bewegt sich ganz langsam auf sie zu. Plötzlich lässt es dann im Bruchteil einer Sekunde die unglaublich lange, klebrige Zunge vorschnellen. Beim Aufrollen der Zunge schluckt es seine Beute hinunter. Danach hält es gleich Ausschau nach einem neuen Opfer.

Häutung
Bei der Geburt ist ein Dreihornchamäleon nur 5,5 cm lang. Während seines Wachstums schält sich seine Haut in regelmäßigen Abständen. Innerhalb von 15 Minuten fällt sie in großen Fetzen ab.

Die Augen sind einzeln beweglich. So kann das Chamäleon in zwei Richtungen gleichzeitig schauen oder beide Augen auf ein Ziel richten.

Chamäleons können ihre Farbe wechseln. Dabei wird das Licht von Farbzellen in der Haut unterschiedlich reflektiert. Dieses Jungtier ist zur Tarnung braun gefärbt.

Nur aus einem von **50 Eiern** wird ein erwachsener Frosch.

FROSCH

Aus einer Kaulquappe entwickelt sich durch eine unglaubliche Verwandlung ein Frosch.

Das Leben der meisten Frösche beginnt als winziges Ei in einem Teich oder See. So ist es auch beim Grasfrosch. Aus dem Ei schlüpft eine Kaulquappe, die im Wasser lebt und mit Kiemen atmet. Später verwandelt sie sich in ein mit Lungen atmendes Fröschlein, das schließlich zum erwachsenen Frosch heranwächst. Sobald sich Lunge und Gliedmaßen entwickelt haben, verlässt der Frosch das Wasser. An Land jagt er zunächst Milben und andere winzige Tiere, später auch Würmer und Schnecken.

Mit dem kraftvollen Ruderschwanz schwimmt die Kaulquappe durchs Wasser.

Leichte Beute
Kaulquappen und Frösche werden von vielen verschiedenen Räubern gejagt, zum Beispiel von Ringelnattern und Eisvögeln. Weil sie sich nicht verteidigen können, sind sie eine leichte Beute. Zudem sind Kaulquappen in einem Teich besonders gut zu sehen.

ERSTE ZEIT IM WASSER

Eine Kaulquappe ist anfangs so groß wie eine rote Bohne. Sie bleibt in dem Gewässer, in dem sie geschlüpft ist, und muss für sich selbst sorgen. Zunächst frisst sie Algen, später auch winzige Tiere. So bekommt sie alle Nährstoffe, die sie für ihre Verwandlung zum Frosch benötigt.

WANDEL DER GESTALT

Grasfrösche machen bei ihrer Entwicklung zum erwachsenen Tier mehrere erstaunliche Verwandlungen durch. Der ganze Vorgang dauert etwa 16 Wochen.

Ei
Jedes winzige schwarze Ei ist von einer glibberigen Hülle umgeben. Im Lauf einiger Tage entwickelt sich aus dem Embryo eine beinlose Kaulquappe.

Kaulquappe
Nach etwa zwei Wochen befreit sich die Kaulquappe aus der Gallerthülle. Sie nimmt mit Kiemen Sauerstoff aus dem Teich auf und schwimmt mithilfe ihres Ruderschwanzes durch das Wasser.

Jungfrosch
Mit 14 Wochen verwandelt sich die Kaulquappe in ein Fröschlein mit Beinen. Der Ruderschwanz ist geschrumpft und wird vom Körper aufgenommen. Nun kann der Jungfrosch das Wasser verlassen.

Erwachsener Frosch
Der Frosch jagt an Land Kleintiere, kann aber immer noch sehr gut schwimmen.

FROSCHLAICH

Im Frühjahr wandern Grasfrösche wieder ins Wasser, um dort zu laichen. So nennt man das Ablegen der Eier bei Fröschen. Die Weibchen legen Klumpen von bis zu 2000 Eiern, den sogenannten Froschlaich. Dann überlassen sie die Eier sich selbst. Viele werden gefressen, aber aus einigen entwickeln sich Frösche.

VOM EI ZUR LARVE

Ei
Ein Weibchen legt etwa 100 bis 200 Eier auf einmal. Eine durchsichtige Gallerthülle umgibt die braunen Eier.

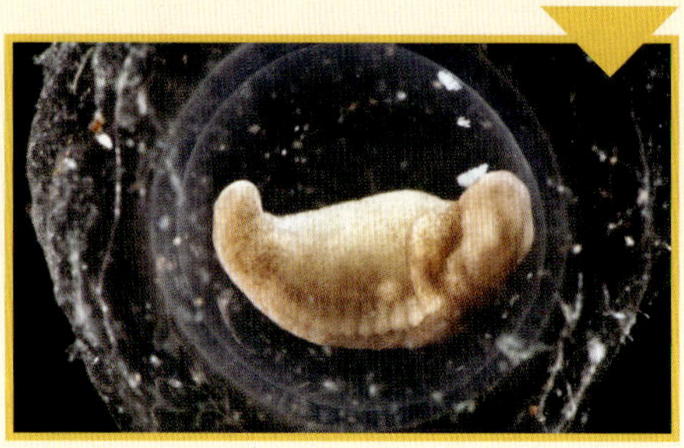

Embryo
Der winzige Embryo ist nur etwa 5 mm lang und noch immer von einer Gallertschicht geschützt. Man kann sogar schon die Wirbelsäule erkennen.

Larve
Am Rücken entwickelt sich nun eine lange Flosse. Sie dient der Larve zur Fortbewegung unter Wasser. Auch der Schwanz beginnt zu wachsen.

Geschlüpfte Larve
Die Larve ernährt sich von winzigen Tierchen wie Wasserflöhen. Sie liefern ihr das Eiweiß für die Entwicklung der Beine.

AXOLOTL

Ein Axolotl ist ein Schwanzlurch, der niemals ganz erwachsen wird.

Für die meisten Amphibien wie Frösche und Salamander beginnt das Leben als Larve oder Kaulquappe mit Kiemen. Im Lauf der Entwicklung bilden sich die Kiemen zum Atmen unter Wasser zurück und es entstehen Lungen, mit denen die Tiere an Land Luft atmen können. Anders beim Axolotl, einem Molch aus Mexiko: Er behält die Kiemen und bleibt sein Leben lang im Wasser. Zwar entwickelt er auch Lungen, aber die sind so klein, dass er damit nur ab und zu Luft schnappen kann.

Um Feinden zu entkommen, vergräbt sich ein Axolotl **im Sand**.

IMMER UNTER WASSER

Einem jungen Axolotl wachsen genau wie den verwandten Fröschen und Molchen Beine. Er benutzt sie aber nicht, um an Land herumzulaufen. Stattdessen streift er am Grund des Teiches zwischen Wasserpflanzen umher. Dort jagt er Würmer und andere kleine Tiere. Mit seinen gefiederten Kiemen nimmt er Sauerstoff aus dem Teich auf. So kann er wie ein Fisch unter Wasser atmen.

EIN NEUES BEIN

Bei den meisten Tieren und bei Menschen wachsen abgetrennte Körperteile nicht nach. Molche und der Axolotl sind dazu aber fähig. Wenn sie durch einen Unfall ein Bein verlieren, bilden sie ein neues. Sie können sogar lebenswichtige verletzte Organe nachwachsen lassen, etwa Herz, Gehirn oder Augen.

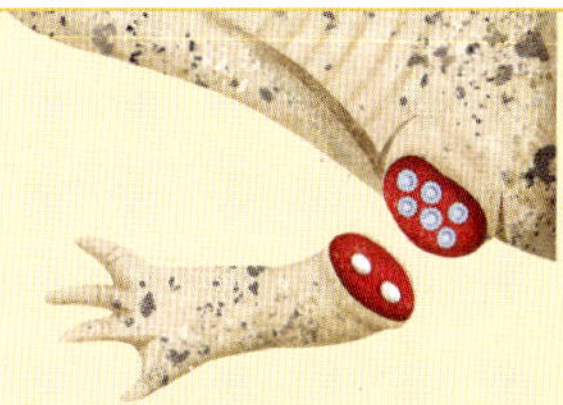

Verlorenes Bein
Axolotl sind Einzelgänger und verteidigen ihr Revier. Bei einem solchen Kampf kann es vorkommen, dass einem der Widersacher ein Bein abgebissen wird.

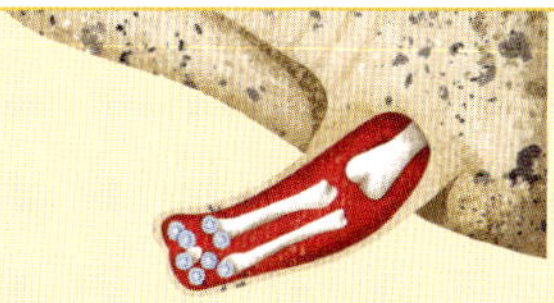

Wachstum
Schon kurz nach dem Verlust des Beins beginnt ein neues zu wachsen. Nach zwei bis drei Monaten ist das neue Bein vollständig.

Neues Bein
Das ersetzte Bein ist genauso perfekt wie das verlorene. Wenn das gleiche Bein erneut verletzt wird, beginnt der Vorgang von vorn.

Ein erwachsener Axolotl besitzt im Gegensatz zu anderen Molchen eine lange Rückenflosse, wie sie sonst nur bei Jungtieren vorhanden ist.

Die fedrigen Kiemen sind mit Blut gefüllt und nehmen Sauerstoff aus dem Wasser auf.

Wenn nötig, kann ein Axolotl auch durch das Maul atmen.

VERWANDLUNG

Die Entwicklung des Grünlichen Wassermolchs geschieht je nach Lebensraum meist über drei Entwicklungsstufen. In manchen Teilen Nordamerikas gibt es kein Jugendstadium und die Larve wird direkt zum Erwachsenen. Das passiert in offenen, sandigen Lebensräumen ohne Verstecke für die Jungmolche.

Larven
Die Larven schlüpfen aus Eiern, die an Wasserpflanzen oder Blätter geklebt werden. Sie kommen durch Bewegungen des Ruderschwanzes voran und atmen mit fedrigen Kiemen. Später wachsen ihnen Beine für das Leben an Land. Die dazu benötigten Nährstoffe liefern kleine Tierchen wie Wasserflöhe.

Erwachsene
Nach zwei bis fünf Monaten haben sich die meisten Larven zu erwachsenen Molchen entwickelt, die mit Lungen statt Kiemen atmen. Die fortpflanzungsfähigen Molche sind am Rücken grünbraun und am Bauch gelb gefärbt. In manchen Gegenden behalten die Molche jedoch ihre Kiemen und entwickeln erst dann Lungen, wenn ihr Teich austrocknet.

Gefährliche Zeit
Erwachsene Molche verlieren ihre rote Jugendfärbung und werden grünbraun und gelblich. Dabei geht auch viel von ihrem schützenden Gift verloren. Als Zuflucht brauchen sie einen dichten Bewuchs von Pflanzen in dem Gewässer, in dem sie laichen. Der Reiher beweist aber, dass Verstecke nicht immer genug Schutz bieten.

Weil die Jungtiere meist von oben angegriffen werden, ist ihre Haut am Rücken giftiger als am Bauch.

GIFTIGES BABY

Als winziges Baby scheint ein Grünlicher Wassermolch eine leichte Beute für Reptilien oder Vögel zu sein. Wegen seines Giftes schmeckt das Tier aber ekelhaft. Das ist eine wirksame Verteidigung, denn Schlangen oder Greifvögel, die schon einmal ein Molchbaby erbeutet haben, erinnern sich daran und meiden es jetzt. Die jüngsten Molche sind am giftigsten – oft zehnmal giftiger als erwachsene.

Tausende Jungmolche verlassen die Teiche, in denen sie geschlüpft sind.

MOLCH

Diese Amphibienbabys sind durch Gift geschützt.

Molche sind Amphibien, die ihr Leben teils an Land und teils im Wasser verbringen. Aus schwimmenden Larven entwickeln sich Jungtiere, die an Land leben. Später kehren Molche zur Fortpflanzung ins Wasser zurück. Die meisten Molche sind wehrlos und deshalb nachtaktiv. Doch die Jungtiere des Grünlichen Wassermolchs aus Nordamerika können tags aktiv sein, denn ihre Haut ist giftig und die rote Farbe warnt Feinde.

Die raue Haut ist leuchtend rot oder orange, oft mit zahlreichen Punkten.

ZEIT ZUM SCHLÜPFEN

Eier
Ein Gelege besteht aus bis zu 1000 Eiern. Jedes davon ist nicht größer als 4 mm. Nach etwa einer Woche beginnen die Jungen nachts zu schlüpfen.

Larve
Die frisch geschlüpfte Larve treibt bis zu zwölf Tage mit der Strömung im offenen Meer. Dann kehrt sie als junger Clownfisch zum Korallenriff zurück.

Jungfisch
Im Lauf des Wachstums wird der Jungfisch immer farbiger. Auch die beiden Streifen erscheinen: einer hinter dem Kopf und einer weiter hinten am Körper.

Erwachsener
Ein Clownfisch erreicht eine Länge von bis zu 11 cm. Als Erwachsener lebt er sein Leben lang im Schutz einer Seeanemone.

Das Männchen behält die Eier im Auge. Jedes leblose oder beschädigte Ei wird herausgepickt und gefressen.

Vom Männchen zum Weibchen
Die Eier werden auf einen Felsen gelegt, den das Männchen vorher gesäubert hat. Mit einem klebrigen Faden wird jedes einzelne Ei angeheftet. Nach dem fünften Tag ist schon eine riesige Zahl silbriger Augen zu erkennen. Aus diesen Eiern werden bald Larven schlüpfen, um die sich dann keiner mehr kümmert. Zunächst sind alle Clownfische Männchen. Wenn das Weibchen einer Gruppe stirbt, wechselt das größte Männchen sein Geschlecht und wird selbst zum Weibchen.

CLOWNFISCH

Die Eier von Clownfischen werden gut geschützt, die Jungfische dagegen nicht.

Clownfische leben in Korallenriffen warmer Meere in den Tropen. Die Eier werden in der Nähe einer Seeanemone gelegt und von den Eltern bewacht. Die giftigen Tentakel der Anemone bieten sowohl den Eltern als auch den Eiern Schutz. Die Larven sind beim Schlüpfen durchsichtig und erhalten ihre Färbung mit Streifen erst im Lauf der Zeit.

SICHERE KINDERSTUBE

Wenn die Eier gelegt sind, kümmert sich das Männchen um sie. Durch Fächeln mit seinen Flossen versorgt es die Eier mit Sauerstoff. Das Weibchen bewacht solange das Männchen und die Eier und vertreibt mögliche Angreifer.

SICHERE ZUFLUCHT

Ein junger Clownfisch lernt schnell, sich zwischen den giftigen Tentakeln einer Seeanemone zu verstecken. Das ist keine Pflanze, sondern ein Meerestier. Der Clownfisch ist durch eine dicke Schleimschicht vor den giftigen Nesselzellen geschützt. Als Gegenleistung hält er die Anemone sauber und versorgt sie mit Überresten seiner Nahrung.

EIN SCHWERER START

Ein männliches Seepferdchen bringt bis zu 2000 Babys auf einmal zur Welt. Wenn die jungen Seepferdchen nicht schnell das Weite suchen, werden sie von ihrem eigenen Vater gefressen. Haben sie diese Gefahr überstanden, lauern schon andere Räuber auf die Kleinen. Daher sind sie stets auf der Suche nach einem Versteck zwischen Seetang oder Korallen.

In der Bruttasche
Wenn die Mutter ihre Eier in die Bruttasche des Vaters gelegt hat, werden sie von ihm befruchtet. Während der Schwangerschaft werden die sich entwickelnden Babys vom Vater mit den nötigen Nährstoffen und Sauerstoff versorgt. Das schützt sie sogar vor ansteckenden Krankheiten.

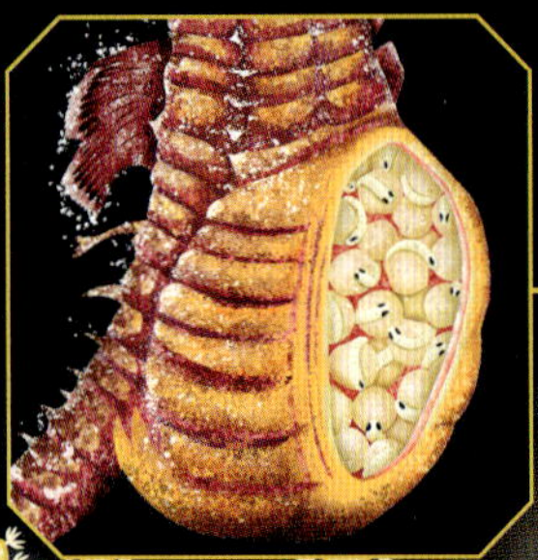

SEEPFERDCHEN

Seepferdchen starten ungewöhnlich ins Leben.

Seepferdchen leben weltweit in flachen Meeren. Mit ihrem pferdeähnlichen Kopf und der aufrechten Haltung beim Schwimmen sind sie ganz besondere Fische. Am verwunderlichsten ist aber, dass die Männchen statt der Weibchen die Babys zur Welt bringen. Sobald die jungen Seepferdchen ins Meer entlassen worden sind, müssen sie für sich selbst sorgen. Wenn sie die Gefahren des Meeres überstehen, können sie bis zu fünf Jahre alt werden. Die meisten der nur reiskorngroßen Jungfische erreichen aber das Erwachsenenalter nicht.

EIN SEEPFERDCHEN WÄCHST HERAN

Die Eier in der Bruttasche entwickeln sich sehr schnell. Deshalb dehnt sich diese Tasche immer weiter aus. Einige Wochen später sind die Babys voll entwickelt. Dann zieht sich der Körper des Seepferdchenvaters zusammen und presst die winzigen Seepferdchen heraus.

BALZENDE SEEPFERDCHEN

Partnersuche
Weibliche Seepferdchen wetteifern häufig miteinander um die Gelegenheit, sich mit einem Männchen paaren zu können. Damit sie für das Männchen anziehend sind, zeigen sie sich in voller Pracht und ändern ihre Farbe.

Balztanz
Wenn das männliche Seepferdchen seine Partnerin gewählt hat, treffen sie sich am Morgen wieder. Dann vollführen sie stunden- oder sogar tagelang aufeinander abgestimmte Schwimmtänze.

Übergabe der Eier
Nach dem Tanz legt das Weibchen seine Eier in die Bruttasche am Bauch des Männchens. Dazu verwendet das Weibchen eine spezielle Legeröhre, mit der es die unbefruchteten Eier sicher hineinlegen kann.

KIEFERFISCH

Bei den Kieferfischen bewahrt der Vater die Eier sicher in seinem Maul auf.

Die meisten Meeresfische legen sehr viele Eier, die in der Meeresströmung treiben. Der größte Teil davon wird von anderen Fischen gefressen. Kieferfische haben für dieses Problem eine Lösung gefunden: Die Männchen sammeln die Eier in ihrem Maul und bewahren sie dort bis zum Schlüpfen auf. Sobald die Jungfische geschlüpft sind, müssen sie aber alleine klarkommen.

WOHNUNGSBAU

Goldstirn-Kieferfische leben in der Karibik in oder bei Korallenriffen. Wenn sich die Jungfische am Meeresboden niederlassen, graben sie eine Röhre in den Sand. Deshalb nennt man sie auch Brunnenbauer. Damit die Röhre nicht zusammenstürzt, kleiden die Fische sie mit Steinen aus. Jeder Fisch kümmert sich um seine Wohnung und bessert sie mit dem Maul aus.

SAND WIRD UMVERTEILT.

GENAU PASSENDE RÖHRE

In das Maul eines Kieferfischs passen bis zu **1500 Eier**.

MAUL VOLL NACHWUCHS

Wenn das Weibchen seine Eier gelegt hat, befruchtet das Männchen sie. Danach schaufelt der männliche Kieferfisch die Eier in sein Maul und bewahrt sie dort eine Woche oder länger auf. Gelegentlich spuckt er sie aus und sammelt sie anschließend wieder ein. Dadurch werden sie gewaschen und ausreichend mit Sauerstoff versorgt.

Solange das Männchen das Maul voller Eier hat, kann es nichts fressen. Es bleibt dann fast die ganze Zeit in seiner Wohnröhre.

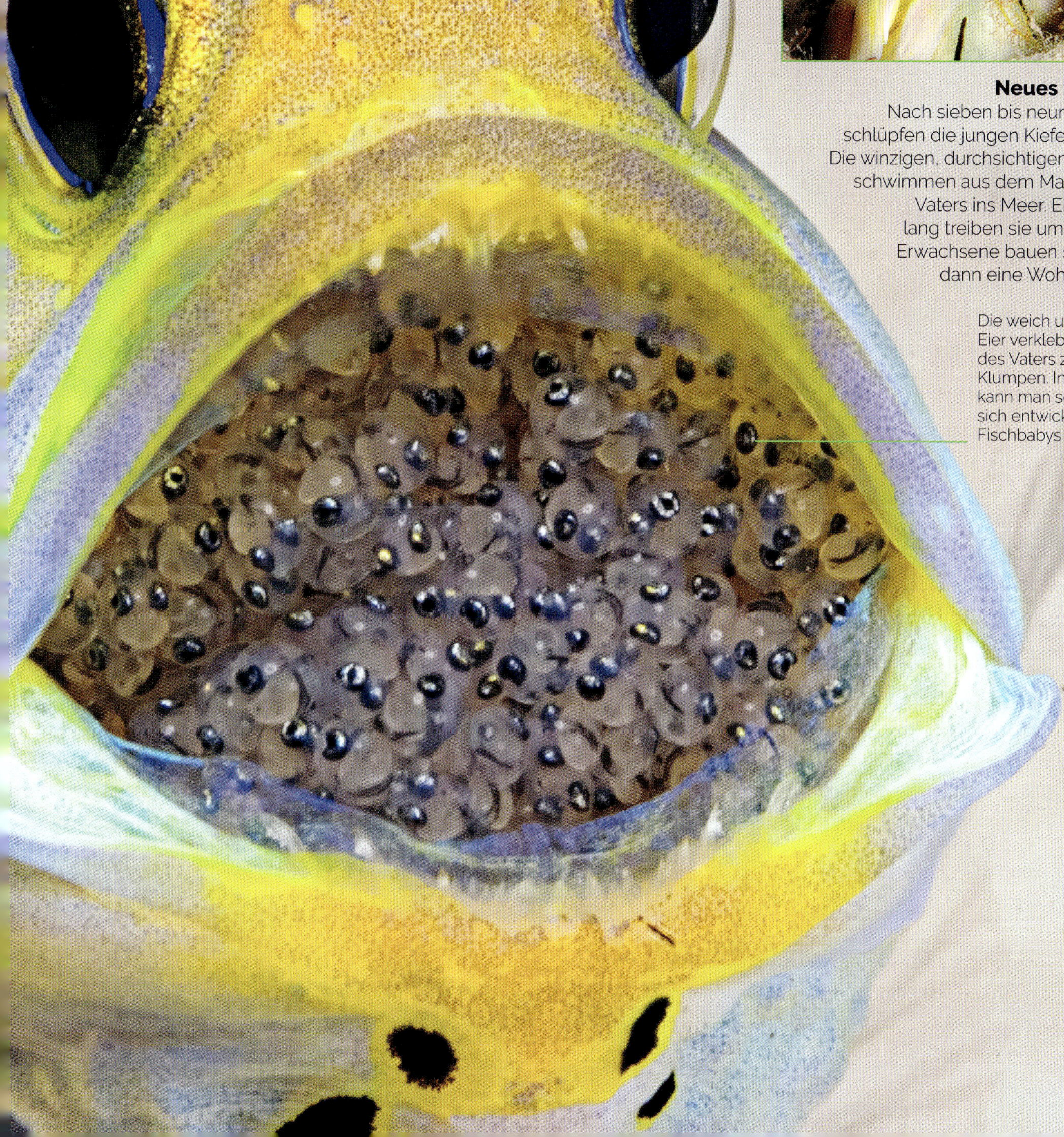

Neues Leben
Nach sieben bis neun Tagen schlüpfen die jungen Kieferfische. Die winzigen, durchsichtigen Babys schwimmen aus dem Maul ihres Vaters ins Meer. Eine Zeit lang treiben sie umher. Als Erwachsene bauen sie sich dann eine Wohnröhre.

Die weich umhüllten Eier verkleben im Maul des Vaters zu einem Klumpen. In den Eiern kann man schon die sich entwickelnden Fischbabys erkennen.

HONIGBIENE

Honigbienen ziehen ihren Nachwuchs in Zellen aus Wachs auf.

Honigbienen bilden riesige Völker. An der Spitze eines Bienenvolkes steht die Königin, die als einziges Weibchen alle Eier legt – bis zu 2500 am Tag. Tausende von Arbeiterinnen, alles Töchter der Königin, erledigen die verschiedensten Aufgaben. Sie bauen Waben aus Wachs für die Eier, verteidigen das Nest und sammeln Nektar aus Blüten. Daraus stellen sie Honig für die Königin und ihren Nachwuchs her.

LEBENSZYKLUS

Die Königin legt in jede Zelle der Honigwabe ein Ei. Nach drei Tagen schlüpft daraus eine Larve ohne Beine. Die Larve wird von den Arbeiterinnen mit einer Mischung aus Honig und Pollen gefüttert. Wenn sie ausgewachsen ist, wird die Zelle verschlossen und die Larve verwandelt sich in eine Puppe. Aus der Puppe geht dann die erwachsene Biene hervor. 21 Tage nach der Eiablage verlässt die Biene die Zelle und schließt sich den anderen Arbeiterinnen an.

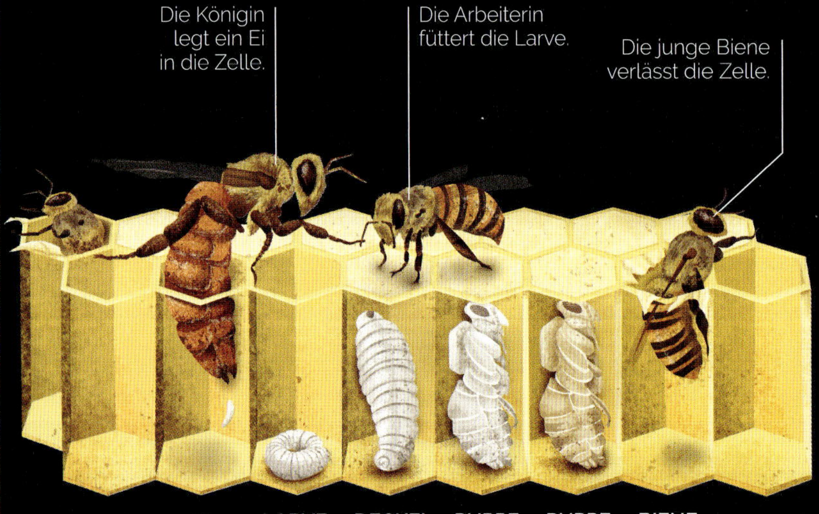

Diese Puppe ist sicher in ihrer Zelle eingeschlossen. In wenigen Tagen schlüpft sie als Arbeiterin.

In einem Bienenstock können **80 000 Bienen** leben.

DROHNEN, ARBEITERINNEN UND KÖNIGINNEN

Neben den befruchteten Eiern legt die Königin auch ein paar unbefruchtete. Darin entwickeln sich Männchen, die man Drohnen nennt. Aus den meisten befruchteten Eiern schlüpfen Arbeiterinnen, die keine Eier legen. Wenn das Ende der alten Königin naht oder das Volk zu groß wird, erhalten einige weibliche Larven besonderen Futtersaft. Dadurch wachsen sie zu neuen Königinnen heran, die in speziellen Zellen aufgezogen werden. Nach dem Schlüpfen kann sich eine neue Königin mit einer Drohne aus einem anderen Stock paaren und einen Teil des Volkes übernehmen.

FLEISSIGE BIENEN

Eine Honigwabe besteht aus Tausenden von Zellen. In manchen davon wird Honig gelagert. In den meisten offenen Zellen hier befinden sich beinlose Larven, die von den Arbeiterinnen gefüttert werden. Jede verschlossene Zelle enthält eine Puppe. In diesem Stadium entwickeln sich Augen, Flügel und Beine der Biene, bevor sie als Erwachsene die Zelle verlässt.

BRUTWANZE

Die Babys dieser Insekten werden von ihrer Mutter fürsorglich betreut.

Die meisten Insekten legen ihre Eier und kümmern sich anschließend nicht mehr um sie. Viele werden schon vor dem Schlüpfen gefressen. Auch wer es bis zum Schlüpfen schafft, ist oft leichte Beute für andere Tiere. Brutwanzen versuchen dies zu verhindern. Die Mütter beschützen die Eier und später die Jungen, bis diese für sich sorgen können.

SCHRITT FÜR SCHRITT

Wanzen sind eine Gruppe von Insekten. Sie ernähren sich mit einem Saugrüssel von flüssiger Nahrung. Brutwanzen trinken den zuckerhaltigen Saft von Pflanzen. Sie schlüpfen mit sechs Beinen in einem winzigen Jugendstadium, das man Nymphe nennt. Daraus entwickeln sie sich in fünf Schritten weiter. Am Ende jedes Stadiums häuten sie sich und sehen dann jedes Mal ein wenig anders aus.

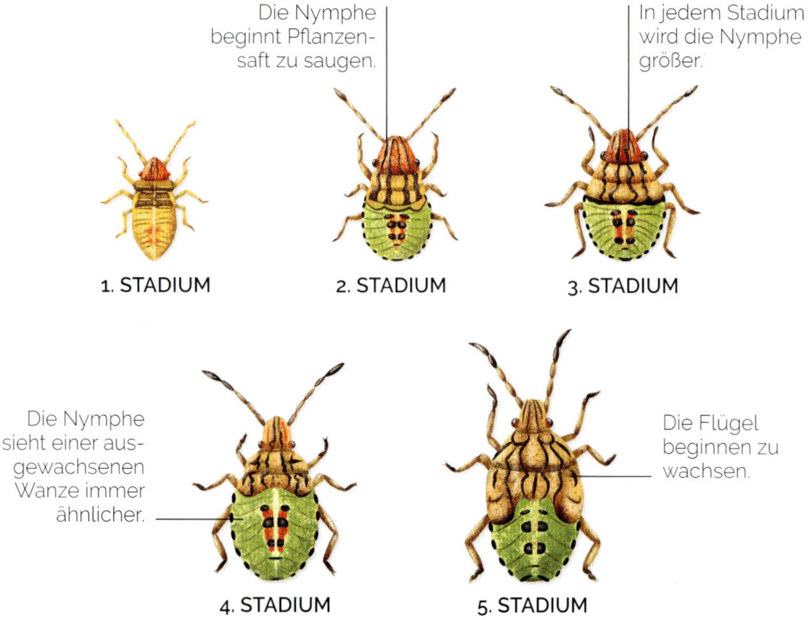

STRENG BEWACHT

Die Brutwanzenmutter krabbelt über ihre frisch geschlüpften Jungen und bewacht sie. Sobald eines hervorrutscht, bringt sie es wieder in Sicherheit. In diesem Stadium müssen die Nymphen noch keine Nahrung saugen. Wenn sie größer werden, leitet ihre Mutter sie an die Stellen der Pflanze, an denen man leicht saugen kann.

Der Hinterleib einer ausgewachsenen Wanze ist von einem gefalteten Flügelpaar bedeckt.

Die **Brutpflege** bei Brutwanzen ist schon seit 1764 bekannt.

Gelege

Die Brutwanzenmutter legt 40 bis 50 Eier und befestigt sie an der Unterseite eines Birkenblatts. Dabei ordnet sie die Eier rautenförmig an – das entspricht etwa ihrer eigenen Körperform. Dadurch kann sie das Gelege unter ihrem Körper verbergen und so vor hungrigen Vögeln und anderen Feinden schützen.

Brutwanzen gehören zur Familie der Stachelwanzen. Sie verdanken ihren Namen einem dornförmigen Fortsatz auf der Bauchseite.

Die winzigen Nymphen sitzen dicht gedrängt zwischen den Beinen ihrer Mutter.

Chemische Abwehr

Wenn die Wanzenmutter eine Gefahr bemerkt, dreht sie sich in diese Richtung und schirmt ihren Nachwuchs mit dem Körper ab. Sie kann auch mit den Flügeln ein lautes Summen erzeugen. Wenn das zum Vertreiben des Feindes nicht ausreicht, versprüht sie eine faulig riechende Flüssigkeit.

SCHMETTERLING

Schmetterlinge beginnen ihr Leben als Raupe und verwandeln sich vollständig.

Die meisten Schmetterlinge verbringen den größten Teil ihres Lebens als Raupe. Diese mampft sich durch Blätter und wird jeden Tag ein bisschen größer. Weil sie so viel Gewicht zulegt, muss sie sich dabei mehrmals häuten. Nach der letzten Häutung wird die Raupe zur Puppe. In diesem Stadium frisst der werdende Falter nicht und verwandelt sich schließlich in einen Schmetterling.

Das Abwehrorgan sieht aus wie die gegabelte Zunge einer Schlange und riecht nach faulender Ananas.

Stinkende Abwehr
Raupen werden von vielen anderen Tieren gefressen. Auch Vogeleltern füttern ihre Jungen damit. Viele Raupen sind gut getarnt. Dagegen versucht diese Schwalbenschwanz-Raupe ihre Feinde zu vertreiben, indem sie an ihrem Kopf ein gegabeltes, stinkendes Organ vorschnellen lässt.

Wenn der Schmetterling sein neues Leben beginnt, bleibt die leere Puppenhülle zurück.

VERWANDLUNGEN

Ei
Ein weiblicher Schwalbenschwanz legt Hunderte von Eiern auf die Blätter bestimmter Pflanzen. Die Eier sind zuerst hellgelb und werden immer dunkler, wenn sich die Raupen darin entwickeln. Nach zehn Tagen schlüpfen die Raupen und beginnen an den Blättern zu knabbern.

Raupe
Die junge Schwalbenschwanz-Raupe ist zunächst gut getarnt und sieht aus wie Vogelkot. Nach der dritten Häutung erscheint sie aber grün-schwarz gemustert mit leuchtend roten Punkten. Dieses auffällige Muster ist eine Warnung an hungrige Vögel, dass sie eklig schmeckt.

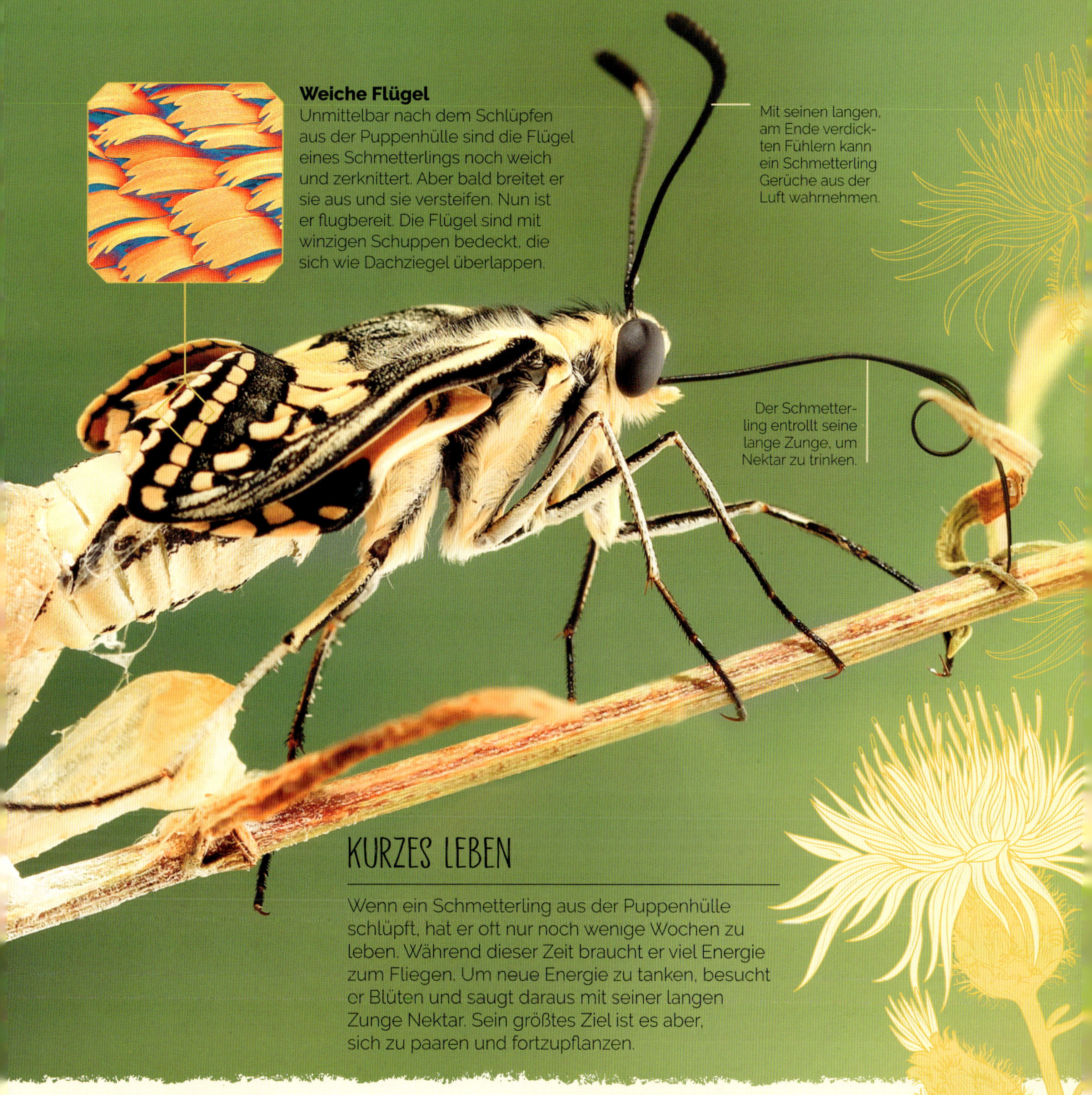

Weiche Flügel
Unmittelbar nach dem Schlüpfen aus der Puppenhülle sind die Flügel eines Schmetterlings noch weich und zerknittert. Aber bald breitet er sie aus und sie versteifen. Nun ist er flugbereit. Die Flügel sind mit winzigen Schuppen bedeckt, die sich wie Dachziegel überlappen.

KURZES LEBEN

Wenn ein Schmetterling aus der Puppenhülle schlüpft, hat er oft nur noch wenige Wochen zu leben. Während dieser Zeit braucht er viel Energie zum Fliegen. Um neue Energie zu tanken, besucht er Blüten und saugt daraus mit seiner langen Zunge Nektar. Sein größtes Ziel ist es aber, sich zu paaren und fortzupflanzen.

Puppe
Nach einem Monat ständigen Fressens befestigt sich die ausgewachsene Raupe selbst mit einem Seidenfaden an einem Zweig und verpuppt sich. Im Inneren der Puppenhülle wird ihr Körper zu einem geflügelten Schmetterling umgebaut.

Schmetterling
Schließlich schlüpft der fertige Schmetterling aus seiner Puppenhülle. Er pumpt Luft in die hohlen Adern seiner zerknitterten Flügel, damit sie sich ausbreiten und glatt werden. Im Sonnenschein trocknen die Flügel und härten aus. Nun kann er davonfliegen.

KRAKE

Kaum aus dem Ei geschlüpft, muss ein Krakenbaby schon alleine für sich sorgen.

Ein Krake ist ein erstaunliches Lebewesen. Er lebt im Meer und ist als Weichtier mit den Schnecken und Muscheln verwandt. Kraken sind sehr intelligent, haben ein ausgezeichnetes Gedächtnis und können Werkzeuge benutzen. Weil sie keine Knochen besitzen, können sie ihren Körper mit den acht Armen durch die engsten Spalten quetschen. Nach der Paarung legt das Krakenweibchen seine Eier ab. Die daraus schlüpfenden Minikraken erbeuten und fressen wie ihre Eltern Krabben und andere Meerestiere.

Wachsame Mutter
Vor der Küste von Südaustralien bewacht diese Krakenmutter ihre Eier. Mit einem klebrigen Stoff hat sie jedes einzelne Ei an die leere Schale einer Schwertmuschel auf dem sandigen Meeresboden geheftet. Sie bleibt bis zum Schlüpfen bei den Eiern und hält sie sauber. Außerdem fächelt die Mutter ihnen Wasser zu und versorgt sie so mit lebenswichtigem Sauerstoff. Wenn die Jungen schlüpfen, ist ihre Aufgabe erfüllt und sie stirbt.

NEUES LEBEN

Das gerade aus dem Ei schlüpfende Krakenbaby sieht schon aus wie ein winziger Erwachsener. Es kleben aber noch Reste des Dotters an ihm. So ist es noch für ein bis zwei Tage mit Nährstoffen versorgt, bis es sich an sein neues Leben gewöhnt hat. Danach muss es sich auf seinen angeborenen Jagdinstinkt verlassen. Denn es hat keine Mutter mehr, die ihm das Jagen beibringen könnte.

Gelege von Kraken können aus **70 000 Eiern** bestehen.
Der Körper eines Krakenbabys ist fast durchsichtig. Mit zunehmendem Alter werden die Farben kräftiger.
Manchmal werden auch leere Eier wie dieses an Muschelschalen oder Steine geklebt.
Durch die dünne, weiche Eihülle sind deutlich die dunklen Augen des noch nicht geschlüpften Babys zu erkennen.

GLOSSAR

Aasfresser
Tiere, die sich von toten anderen Tieren ernähren, die sie nicht selbst erbeutet haben.

Algen
Pflanzenähnliche Organismen, die ihre Nährstoffe mithilfe von Sonnenenergie herstellen.

Amphibien
Wirbeltiere mit weicher, feuchter Haut, die man auch Lurche nennt. Hierzu gehören zum Beispiel Frösche, Kröten und Salamander. Sie leben als Jungtiere meist im Wasser und verwandeln sich in erwachsene Tiere, die mit Lungen atmen und an Land leben können. Viele kehren zur Fortpflanzung ins Wasser zurück.

Art
Ein bestimmter Typ von Tier, Pflanze oder einem anderen Lebewesen. Löwe und Gepard sind beispielsweise verschiedene Arten von Großkatzen. Mitglieder einer Tierart können sich untereinander fortpflanzen und Junge bekommen. Mit Tieren anderer Arten ist das meist nicht möglich.

Befruchtung
Vereinigung einer Eizelle mit einer Samenzelle. Aus der befruchteten Eizelle kann sich ein neues Lebewesen entwickeln.

Beute
Tier, das von einem anderen Tier gefressen wird.

Beuteltiere
Säugetiere, die ihre Jungen in einem sehr frühen Entwicklungsstadium zur Welt bringen. Danach tragen die Weibchen die Jungen meist in einer Hauttasche, dem Beutel, mit sich herum.

Blaslöcher
An der Oberseite des Kopfes liegende Nasenlöcher von Walen und Delfinen. Die Tiere können ein oder zwei Blaslöcher haben.

Brut
Gruppe von Jungtieren, die gemeinsam geboren wurden oder geschlüpft sind.

Brüten
Warmhalten der Eier, damit sich darin die Jungtiere entwickeln.

Dominant
So nennt man ein durchsetzungsstarkes Tier, das in seiner Gruppe eine führende Rolle einnimmt.

Dotter
Bereich in einem Ei, der den sich entwickelnden Embryo mit Nährstoffen versorgt.

Eizahn
Kleiner, hornartiger Auswuchs bei jungen Reptilien und Vögeln, der zum Öffnen der Eierschale beim Schlüpfen dient.

Embryo
Ein Tier in einem sehr frühen Entwicklungsstadium.

Fellwechsel
Regelmäßiges Abwerfen und Nachwachsen des Fells bei Säugetieren. Zum Beispiel wird das dünne Sommerfell durch ein dichtes Winterfell ersetzt, das besser vor Kälte schützt.

Fische
Wirbeltiere, die im Wasser leben und mit Kiemen atmen. Viele Fische haben ein Skelett aus Knochen. Bei manchen besteht das Skelett jedoch aus elastischem Knorpel.

Flügge
Bezeichnung für die Fähigkeit junger Vögel, das Nest zu verlassen. Auch nach dem Flüggewerden sind die Jungvögel noch eine Zeit lang auf ihre Eltern angewiesen.

Fühler
Sinnesorgane am Kopf von wirbellosen Tieren wie Insekten. Fühler sind immer paarweise vorhanden und können auf Berührung, Temperatur und Duftstoffe reagieren sowie zum Schmecken dienen.

Gifte
Schädliche Stoffe. Viele Tiere haben Giftdrüsen in ihrer Haut, um sich vor Feinden zu schützen. Manche Tiere verteidigen sich auch durch giftige Bisse oder Stiche oder töten auf diese Weise ihre Beute.

Gleitflug
Form des Fliegens bei Vögeln, ohne mit den Flügeln zu schlagen. Sie werden dabei vom Wind getragen.

Häutung
Abstreifen von alter Haut, die während des Wachstums nicht mitwächst, zum Beispiel bei Reptilien und Insekten.

Horn
Unempfindliche Körperzellen aus dem festen Eiweiß Keratin, das in Haaren, Krallen und Hörnern vorkommt.

Insekten
Wirbellose Tiere der Gruppe Gliederfüßer mit sechs Beinen und drei Körperabschnitten. Die meisten von ihnen haben Flügel.

Instinkt
Angeborenes Verhalten, das von einem Tier nicht erlernt werden muss. Neugeborene Säugetiere saugen zum Beispiel instinktiv Muttermilch.

Kiemen
Organe, mit denen manche Tiere aus dem Wasser Sauerstoff zum Atmen aufnehmen. Fische und Kaulquappen oder andere Larven von Amphibien haben beispielsweise Kiemen.

Kindergarten
Eine Gruppe gleichaltriger Jungtiere von unterschiedlichen Eltern. Erwachsene Tiere beaufsichtigen den Kindergarten. Solche Gruppen gibt es bei Pinguinen, Flamingos und Straußen.

Kolonie
Eine große Gruppe von Tieren wie zum Beispiel Pinguinen, die in enger Gemeinschaft leben.

Kropf
Muskelsack an der Speiseröhre, in dem Vögel unverdaute Nahrung speichern. Der Vogel kann dadurch schnell fressen und später in sicherer Umgebung verdauen.

Kropfmilch
Von Flamingos, Kaiserpinguinen und Tauben gebildete milchartige Flüssigkeit. Sie enthält viel Fett, Eiweiß und Vitamine und dient zum Füttern der Küken.

Laich
Eier mit glibberiger Hülle, die von Fischen oder Amphibien meistens ins Wasser abgegeben werden. Die Abgabe des Laichs bezeichnet man als Laichen.

Larve
Unreifes, aber eigenständiges Stadium eines Tieres, das völlig anders aussieht als das erwachsene Tier. Eine Larve wird durch Verwandlung zum erwachsenen Tier. Bei vielen Insekten geschieht dies in einem Ruhestadium, das man Puppe nennt.

Lebensraum
Ort, an dem bestimmte Tiere, Pflanzen oder andere Lebewesen vorkommen. Es gibt ganz verschiedene Lebensräume an Land und im Wasser.

Matriarchin
Weibliche Anführerin einer Gruppe von Tieren, zum Beispiel von Elefanten.

Mauser
Das regelmäßige Abwerfen und Nachwachsen der Federn von Vögeln. Dadurch bleibt das Gefieder immer in gutem Zustand. Manche Vögel wechseln das Gefieder auch in der Fortpflanzungszeit und bekommen dann ein besonders schönes Brutgefieder.

Nährstoffe
Stoffe, die der Körper zum Leben und für das Wachstum benötigt.

Nektar
Von Blüten gebildete süße, zuckerhaltige Flüssigkeit. Insekten und Vögel besuchen Blüten, um den Nektar zu trinken.

Nymphe
Ein unreifes Insekt, das – im Gegensatz zur Larve – ähnlich aussieht wie seine Eltern, aber noch keine funktionierenden Flügel und Fortpflanzungsorgane besitzt. Eine Nymphe verwandelt sich über mehrere Schritte in ein erwachsenes Tier. Nach jeder Häutung sieht das nächste Nymphenstadium ein wenig anders aus.

Parasiten
Tiere, die sich zum Beispiel vom Blut anderer Tiere ernähren und diesen Tieren dadurch schaden oder Krankheiten übertragen. Dazu zählen unter anderem Stechmücken, Zecken und Läuse.

Pflanzensaft
Von Pflanzen hergestellte zuckerhaltige Flüssigkeit. Sie fließt zum Beispiel bei Bäumen im Stamm und in den Zweigen – ähnlich wie das Blut bei Tieren.

Plankton
Meist mikroskopisch kleine Lebewesen, die oft nahe der Wasseroberfläche im Meer treiben. Viele davon können sich zwar fortbewegen, sind aber zu klein, um gegen die Strömungen anzuschwimmen. Zum Plankton gehören winzige Tiere und Pflanzen.

Plazenta
In der Schwangerschaft von Säugetieren gebildetes Organ, das auch Mutterkuchen genannt wird und zur Versorgung des Embryos mit Nährstoffen dient.

Pollen
Der von Blumen gebildete Blütenstaub zur Bestäubung anderer Blüten. Viele Insekten ernähren sich von Pollen und übertragen ihn dabei von Blüte zu Blüte.

Puppe
Ruhestadium in der Entwicklung eines Insekts. Aus der Puppe schlüpft nach einer Verwandlung das erwachsene Insekt.

Raubtiere
Tiere, die andere Tiere jagen und fressen.

Reptilien
Wirbeltiere mit trockener, schuppiger Haut, die man auch Kriechtiere nennt. Hierzu gehören Eidechsen und Warane, Schlangen, Schildkröten und Krokodile. Die meisten Reptilien legen Eier mit ledriger oder harter Schale.

Rudel
Eine Gruppe von Säugetieren, die zusammenleben. Rudel von Raubtieren wie Löwen gehen auch gemeinsam auf die Jagd.

Säugetiere
Warmblütige, meist behaarte Wirbeltiere, deren Weibchen ihre Jungen mit Milch ernähren.

Savanne
Lebensraum aus weitem, offenem Grasland, teilweise mit vereinzelten Bäumen, in heißen, tropischen Gebieten der Erde. Die größten Savannen gibt es in Afrika und Südamerika.

Schnabel
Mundwerkzeug von Vögeln. Ein Schnabel besteht aus Knochen mit einer hornartigen Hülle.

Tarnung
Farben und Muster, die ein Tier in seiner Umgebung fast unsichtbar werden lassen. Tarnung ist im Tierreich weit verbreitet, besonders bei Wirbellosen. Sie dient sowohl dem Schutz vor Feinden als auch dem unbemerkten Annähern an Beute.

Tasthaare
Lange, steife Haare, die bei Säugetieren im Gesicht und besonders an der Schnauze wachsen. Sie sind berührungsempfindlich und werden als Tastorgane eingesetzt. Außerdem können Tiere mit ihnen im Wasser oder in der Luft Schwingungen wahrnehmen.

Termiten
Kleine, ameisenähnliche Insekten, die Holz fressen und in großen Kolonien leben. Eine Termitenkolonie errichtet aus Erde oder Lehm einen großen Bau.

Territorium
Der Teil des Lebensraums eines Tieres, den es gegen Widersacher, meist der eigenen Art, verteidigt. Auch Revier genannt.

Tropen
Gebiete der Erde im Bereich des Äquators mit heißem, feuchtem Klima.

Verwandlung
Bei vielen Tieren, vor allem bei Wirbellosen, während des Wachstums stattfindende vollständige Veränderung der Körpergestalt. Der Fachbegriff dafür heißt Metamorphose.

Vögel
Wirbeltiere mit hartem Schnabel und Federn. Die meisten Vögel können fliegen und legen Eier mit harter Schale. Für diese bauen sie häufig ein Nest.

Wanderung
Einem festgelegten Weg folgende Reise von Tieren in ein anderes Gebiet. Die meisten wandernden Tiere richten sich nach den Jahreszeiten und nutzen so die guten Fortpflanzungsbedingungen an einem Ort und die besseren zur Überwinterung an dem anderen. Bei Vögeln spricht man von Vogelzug.

Wirbellose
Tiere ohne Wirbelsäule. Dazu gehören beispielsweise Insekten, Spinnen, Krebse, Würmer und Weichtiere wie Schnecken, Muscheln und Tintenfische.

Wirbeltiere
Tiere mit einer Wirbelsäule. Zu den Wirbeltieren gehören Fische, Amphibien, Reptilien, Vögel und Säugetiere.

Wurf
Gesamtheit der jungen Säugetiere, die bei einer Geburt auf die Welt kommen.

DANK UND BILDNACHWEIS

Der DK Verlag dankt Samantha Richiardi für die gestalterische Unterstützung, Zaina Budaly für die redaktionelle Unterstützung und Helen Peters für das Register.

Der Verlag dankt folgenden Personen und Organisationen für die freundliche Genehmigung zum Abdruck von Fotos:

(Abkürzungen: o = oben, u = unten, m = Mitte, l = links, r = rechts, g = ganz)

1 Alamy Stock Photo: Ulrich Doering. **2–3 naturepl.com:** Solvin Zankl. **4 Dorling Kindersley:** 123RF.com: Duncan Noakes (mlo). **5 Alamy Stock Photo:** Nature Picture Library (ml); Michael Patrick O'Neill (mro). **Dreamstime.com:** Isselee (mlo); Zhbampton (mr). **Nature Smart Images:** Stan Tekiela (gor). **6–7 naturepl.com:** Cyril Ruoso/Minden. **6 naturepl.com:** John Cancalosi (ur); Stephen Dalton (ul). **7 Getty Images:** PhotoStock-Israel (ul). **Shahrogersphotography.com:** Anup Shah (ur). **8–9 naturepl.com:** Sylvain Cordier. **9 Alamy Stock Photo:** David Cantrille (gol). **Dreamstime.com:** Isselee (gom). **Shahrogersphotography.com:** Anup Shah (mr). **Shutterstock.com:** MilanoArt (ml). **10–11 naturepl.com:** Klein & Hubert. **12–13 naturepl.com:** Klein & Hubert. **12 Alamy Stock Photo:** blickwinkel (ul). **Getty Images:** Joe Raedle (ml). **naturepl.com:** Michio Hoshino/Minden (gom); Klein & Hubert (gol). **13 naturepl.com:** Klein & Hubert (gor). **14–15 naturepl.com:** Suzi Eszterhas/Minden. **14 Alamy Stock Photo:** David Kettles (m). **Dorling Kindersley:** 123RF.com: Duncan Noakes (gom). **Getty Images:** Diana Robinson Photography (mu). **16–17 Getty Images/ iStock:** StuPorts. **18 naturepl.com:** Suzi Eszterhas/Minden (mlo); Suzi Eszterhas/ Minden (mlu). **18–19 naturepl.com:** Suzi Eszterhas/Minden. **19 naturepl.com:** Suzi Eszterhas/Minden (gom). **Shutterstock.com:** MilanoArt (mlo). **20 Alamy Stock Photo:** Jeff Jarrett (gom). **20–21 naturepl.com:** Edwin Giesbers. **21 Alamy Stock Photo:** Terry Whittaker Wildlife (gor). **Dreamstime.com:** Isselee (mru). **22 Collection Muséum de Nantes Métropole. Cl. P. Jean:** (um). **Paul Goldstein:** (gol). **Shutterstock.com:** Svetlana Foote (gom). **22–23 naturepl.com:** Suzi Eszterhas. **23 Alamy Stock Photo:** Xinhua (ml). **naturepl.com:** Vincent Grafhorst (gor). **Shutterstock.com:** MilanoArt (mlu). **24–25 Alamy Stock Photo:** Minden Pictures. **26 Dorling Kindersley:** 123RF.com: Eric Isselee/isselee (gom). **Science Photo Library:** POWER AND SYRED (mro). **26–27 Alamy Stock Photo:** André Gilden. **27 Alamy Stock Photo:** Oliver Smart (mro). **Getty Images/ iStock:** avstraliavasin (mru). **stevebloom.com:** Steve Bloom (gol). **28–29 naturepl.com:** Jenny E. Ross. **30–31 Alamy Stock Photo:** Steve Bloom Images. **30 Alamy Stock Photo:** Nature Picture Library (mr). **Dorling Kindersley:** Fotolia: Eric Isselee (gom). **Getty Images/ iStock:** Goddard Photography (ul). **31 Shutterstock.com:** MilanoArt (cra). **38–39 Shutterstock.com:** Ondrej Prosicky. **34–35 naturepl.com:** Klein & Hubert. **34 Shutterstock.com:** Rosa Jay (gom). **35 naturepl.com:** Jen Guyton (gor). **Shutterstock.com:** MilanoArt (gol). **36–37 naturepl.com:** Klein & Hubert. **38 naturepl.com:** Vincent Grafhorst (gom); Mary McDonald (mlu). **38–39 naturepl.com:** Suzi Eszterhas/Minden. **39 naturepl.com:** Suzi Eszterhas/Minden (mru); Vincent Grafhorst (mro). **40–41 naturepl.com:** Wim van den Heever. **40 Caters News Agency:** NICO BRITS (mlo); NICO BRITS (mlu); NICO BRITS (ul). **Dorling Kindersley:** 123RF.com: Eric Isselee (gom). **Getty Images:** Paul Souders (gol). **41 Shutterstock.com:** Maggy Meyer (gor). **42–43 naturepl.com:** Suzi Eszterhas/Minden Pictures. **44 naturepl.com:** Eric Baccega (gol). **44–45 BluePlanetArchive.com:** Phillip Colla. **45 Caters News Agency:** Denis Budkov (mru). **Getty Images:** Enrique Aguirre Aves (gom). **naturepl.com:** Eric Baccega (mro). **46–47 Solent Picture Desk/Solent News & Photo Agency, Southampton:** Petr Simon. **48–49 naturepl.com:** Ingo Arndt/Minden. **49 Alamy Stock Photo:** Imagebroker (ur); Nature Picture Library (mr). **naturepl.com:** Ingo Arndt/Minden (gom). **Shutterstock.com:** Mirko Graul (mru). **50–51 Alamy Stock Photo:** Robert McGouey/Wildlife. **52–53 naturepl.com:** Edwin Giesbers. **52 Shutterstock.com:** m.mendelson (gom); MilanoArt (ul). **53 Getty Images/iStock:** mjf795 (mro). **naturepl.com:** Nick Gordon (mru). **54–55 naturepl.com:** Suzi Eszterhas/Minden. **54 Dorling Kindersley:** 123RF.com: Eric Isselee (gom). **naturepl.com:** Suzi Eszterhas/Minden (mlu); D. Parer & E. Parer-Cook/Minden (mlo). **55 Shutterstock.com:** Richard A Wall (gor). **56–57 naturepl.com:** Tim Fitzharris/Minden. **56 Alamy Stock Photo:** Idamini (gom). **naturepl.com:** Karine Aigner (cla); Karine Aigner (ml); **Josh Whaley** (mul). **57 Shutterstock.com:** MilanoArt (gol). **58–59 Alamy Stock Photo:** Ann and Steve Toon. **58 Alamy Stock Photo:** AGB Photo Library (ul). **naturepl.com:** Hiroya Minakuchi/ Minden (ur); Wim van den Heever (mro); Cyril Ruoso (or). **Shahrogersphotography.com:** Anup Shah (gom). **Shutterstock.com:** MilanoArt (mu). **60–61 naturepl.com:** Diane McAllister. **62–63 naturepl.com:** Suzi Eszterhas/Minden. **62 Getty Images/iStock:** GlobalP (gom). **naturepl.com:** Suzi Eszterhas/ Minden (mu). **63 Alamy Stock Photo:** Nature Picture Library (mru). **naturepl.com:** Sergey Gorshkov/Minden (mro). **64 Getty Images/ iStock:** GlobalP (gom). **naturepl.com:** Cyril Ruoso (mru). **Shahrogersphotography.com:** Anup Shah (mlu). **Shutterstock.com:** MilanoArt (gor). **64–65 Shahrogersphotography.com:** Anup Shah. **66–67 Andrew Suryono**. **68–69 naturepl.com:** Richard du Toit/Minden. **68 Getty Images/iStock:** CHARL SENEKAL (mlu). **Shutterstock.com:** MilanoArt (mro); volkova natalia (gom). **69 Steve Santel:** (gor). **70 Alamy Stock Photo:** Ivan Kuzmin (mru); Minden Pictures (gom). **naturepl.com:** Suzi Eszterhas/Minden (mlu). **Shutterstock.com:** MilanoArt (gor). **70–71 naturepl.com:** Suzi Eszterhas/Minden. **72 Alamy Stock Photo:** robertharding (mlu). **naturepl.com:** ZSSD/ Minden (mlo). **72–73 Biosphoto:** Dominique Delfino. **73 Alamy Stock Photo:** Life on white (gom). **Shutterstock.com:** MilanoArt (mlo). **74–75 stevebloom.com:** Steve Bloom. **76 Dorling Kindersley:** Dreamstime.com: Eric Isselee (gor). **naturepl.com:** Konrad Wothe (mlo). **Shahrogersphotography.com:** Anup Shah (mlu). **76–77 Shahrogersphotography.com:** Anup Shah. **77 Shahrogersphotography.com:** Anup Shah (gol). **Shutterstock.com:** MilanoArt (ur). **78–79 Alamy Stock Photo:** Rick & Nora Bowers. **100 naturepl.com:** Visuals Unlimited (mlo); Konrad Wothe/Minden (mlu). **Shutterstock.com:** Agnieszka Bacal (gor). **79 naturepl.com:** MYN/Paul Marcellini (gor). **Shutterstock.com:** MilanoArt (gol). **80–81 SuperStock:** imageBROKER/R. Wittek. **82–83 naturepl.com:** Ingo Arndt/Minden. **83 Alamy Stock Photo:** Ann and Steve Toon (mr). **naturepl.com:** Tui De Roy (mro); Richard du Toit/Minden (gom). **Shutterstock.com:** Udo Kieslich (mru). **84–85 Alamy Stock Photo:** Westend61 GmbH. **84 naturepl.com:** Mitsuaki Iwago/Minden (mlo); Roland Seitre (ml); Mitsuaki Iwago/Minden (mlu). **Shutterstock.com:** MilanoArt (moa). **85 Getty Images/ iStock:** GlobalP (gor). **Getty Images:** Jami Tarris (mru). **86–87 Caters News Agency:** Nachum Weiss. **86 Dreamstime.com:** Michael Elliott (gom). **Science Photo Library:** PHOTOSTOCK-ISRAEL (mru). **87 Shutterstock.com:** MilanoArt (gol). **88–89 Dreamstime.com:** Michael Elliott. **90–91 naturepl.com:** Tony Wu. **90 Getty Images/iStock:** John Natoli (gom). **naturepl.com:** Tony Wu (gor). **91 Dreamstime.com:** Mauio1 (gol). **Ningaloo Aviation:** Tiffany Klein (ur). **Shutterstock.com:** MilanoArt (gor). **92–93 naturepl.com:** David Fleetham. **92 naturepl.com:** Eric Baccega (gom). **Shutterstock.com:** MilanoArt (gor). **93 BluePlanetArchive.com:** Masa Ushioda (mru). **naturepl.com:** Eric Baccega (gom). **Oceangrant.com:** Carol Grant (mro). **94–95 Shutterstock.com:** RONALD WITTEK/ EPA-EFE. **95 Getty Images/iStock:** USO (mu). **Ron Magill:** (gom). **naturepl.com:** Claudio Contreras (mru); Jan Hamrsky (ur). **96–97 naturepl.com:** Claudio Contreras. **98–99 naturepl.com:** David Pattyn. **98 Alamy Stock Photo:** Carol J Saunders (mlo). **Mick Erwin:** (mlu). **naturepl.com:** David Pattyn (gom). **99 naturepl.com:** David Pattyn (gor). **100–101 naturepl.com:** Stefan Christmann. **100 naturepl.com:** Stefan Christmann (gor). **Shutterstock.com:** Roger Clark (gom). **101 Getty Images:** Sylvain Cordier (gol). **Vincent Munier:** (mru). **naturepl.com:** Fred Olivier (mro). **Shutterstock.com:** MilanoArt (mo). **102–103 Getty Images:** Education Images. **104 Alamy Stock Photo:** David Hosking (ur). **naturepl.com:** Andy Sands (ul). **Shutterstock.com:** MilanoArt (mru). **104–105 Nature In Stock:** Franka Slothouber. **105 naturepl.com:** Nature Production (ul); Andy Sands (ur); Andy Sands (gom). **106 Caters News Agency:** Maureen Gibson (mlu). **Getty Images:** James Warwick (mlo). **106–107 Getty Images/iStock:** pjmalsbury. **107 Shutterstock.com:** MilanoArt (gol). **108 Alamy Stock Photo:** Minden Pictures (gom). **naturepl.com:** Michael Quinton/Minden (mlu). **Shutterstock.com:** MilanoArt (gor). **108–109 naturepl.com:** Marten Dalfors. **109 naturepl.com:** Michael Quinton/Minden (gor). **110–111 naturepl.com:** Markus Varesvuo. **112–113 Nature Smart Images:** Stan Tekiela. **112 Steve Large:** (gol). **naturepl.com:** Visuals Unlimited (ml); Visuals Unlimited (ul). **113 Alamy Stock Photo:** Steve Bly (gol). **Shutterstock.com:** MilanoArt (ml). **114 Alamy Stock Photo:** blickwinkel (mu). **Dreamstime.com:** TashaBubo (mru). **Getty Images/iStock:** Paolino Massimiliano Manuel (gom). **Shutterstock.com:** MilanoArt (mr). **114–115 Jon Hawkins**. **116–117 Alamy Stock Photo:** Steve Bloom Images. **116 Alamy Stock Photo:** John Dambik (mlo); Saverio Gatto (mlu); imageBROKER (gor). **117 Alamy Stock Photo:** Philip Jones (gor). **118–119 Getty Images:** imageBROKER/Matthias Graben. **120 Dreamstime.com:** Kevin Gower (gom). **120–121 Alamy Stock Photo:** Danita Delimont Creative. **121 Alamy Stock Photo:** David Gowans (mru); Nature Photographers Ltd (gom). **naturepl.com:** SCOTLAND: The Big Picture (mro). **Shutterstock.com:** MilanoArt (mlo). **122–123 naturepl.com:** Solvin Zankl. **122 naturepl.com:** Sylvain Cordier (ml); Tui De Roy/Minden (um). **123 BluePlanetArchive.com:** Doug Perrine (ul). **naturepl.com:** Doug Perrine (ur). **Shutterstock.com:** Alexandra Lande (gol). **124 Ardea:** M. Watson (gol). **124–125 Getty Images/iStock:** Michel VIARD. **125 naturepl.com:** Kim Taylor (gor). **126–127 SuperStock:** Animals Animals. **128 naturepl.com:** Tui De Roy (gom). **Robert Harding Picture Library:** Michael Pitts (gor). **128–129 naturepl.com:** Michael Pitts. **129 Dreamstime.com:** Isselee (gom). **Shutterstock.com:** MilanoArt (gor). **130–131 SuperStock:** Animals Animals. **130 Ralf Bauer:** (ul). **Getty Images:** R. Andrew Odum (gom). **Shutterstock.com:** MilanoArt (gor). **131 Ralf Bauer. 132–133 naturepl.com:** Rene Krekels/NiS/Minden. **132 Shutterstock.com:** MilanoArt (gol). **133 Alamy Stock Photo:** Minden Pictures (gom). **Depositphotos Inc:** lifeonwhite.com (gor). **Dorling Kindersley:** Dreamstime.com: Isselee (mr); Dreamstime.com: Rudmer Zwerver/Creativenature1 (ur). **134–135 naturepl.com:** David Tipling. **136–137 naturepl.com:** Ingo Arndt/Minden. **136 naturepl.com:** Pete Oxford/Minden (gol); Pete Oxford/Minden (gom, ul); Pete Oxford/ Minden (mlo); Pete Oxford/Minden (mlu). **Shutterstock.com:** MilanoArt (mu). **138–139 Shutterstock.com:** Nathan A. Shepard. **138 Alamy Stock Photo:** Robert Hamilton (mlu). **naturepl.com:** George Sanker (gom). **Shutterstock.com:** Michael Benard (mlo). **139 Alamy Stock Photo:** Nature Picture Library (gom). **Shutterstock.com:** MilanoArt (gol). **140–141 naturepl.com:** Solvin Zankl. **140 BluePlanetArchive.com:** Marli Wakeling (gol). **naturepl.com:** Alex Mustard (mu). **Natacha Roux/https://doi.org/10.1002/ dvdy.46:** (mlo). **141 Dreamstime.com:** Isselee (gor). **142–143 naturepl.com:** Alex Mustard. **144–145 naturepl.com:** Tony Wu. **145 2012, Sommer et al.; licensee BioMed Central Ltd.. naturepl.com:** Tony Wu (gom); Tony Wu (mr); Tony Wu (gor); Tony Wu (mru). **146 Alamy Stock Photo:** Michael Patrick O'Neill (gom). **Getty Images:** Wild Horizons/Universal Images Group (mu). **Erwin Poliakoff:** (ul). **Shutterstock.com:** MilanoArt (gor). **146–147 BluePlanetArchive.com:** James D. Watt. **147 BluePlanetArchive.com:** Steven Kovacs (gor). **148–149 Getty Images:** Paul Starosta. **149 Shutterstock.com:** MilanoArt (ul). **150–151 naturepl.com:** Stephen Dalton. **152 Dreamstime.com:** Zhbampton (gom). **152–153 Christian Fischer** (gor), (ur). **153 Christian Fischer. Shutterstock.com:** MilanoArt (gol). **154–155 Shutterstock.com:** torook. **154 Alamy Stock Photo:** image-BROKER (gor); Papilio (ul). **Dreamstime.com:** Gumenuk Vitalij (um). **155 naturepl.com:** Jussi Murtosaari (ul). **Science Photo Library:** SUSUMU NISHINAGA (gol). **Shutterstock.com:** torook (um). **156–157 BluePlanetArchive.com:** John C. Lewis. **156 BluePlanetArchive.com:** John C. Lewis (gom); John C. Lewis (mlu). **157 Shutterstock.com:** MilanoArt (gor).

Cover: *Vorn:* **123RF.com:** Eric Isselée mogl, Richard E Leighton Jr gom; **Alamy Stock Photo:** Martin Harvey ur; **Dreamstime.com:** Anest mugr, Mikasso go/ (Hintergrund); **Fotolia:** Eric Isselée gor, ugl; **Getty Images:** Tengku Bahar r/ (Hauptbild); **Getty Images / iStock:** ilyasov mlo, JakeOlimb mro, Yuriy Kotsulym mu/ (Hintergrund), pijama61 (tropische Pflanzen); **Nature Smart Images:** Stan Tekiela gol; **HYPERLINK „http://naturepl.com/"naturepl.com:** Klein & Hubert mugl; **Shutterstock.com:** Milano M mlu; *Hinten:* **123RF.com:** Richard E Leighton Jr mru, Duncan Noakes mu; **Dreamstime.com:** Mikasso (Hintergrund); **Getty Images / iStock:** pijama61 (tropische Pflanzen); *Rücken:* **Dreamstime.com:** Eric Isselée u; **Fotolia:** Eric Isselée go.

Alle anderen Abbildungen:
© Dorling Kindersley

KENNST DU SCHON DIESE TIERBÜCHER?

Ausgetrickst!
ISBN 978-3-8310-4654-6

Lina im Streichelzoo
ISBN 978-3-8310-4478-8

Alles über deine Katze
ISBN 978-3-8310-3570-0

Tiere: 50 Geschichten über
Mammut, Panda, Elefant und Co.
ISBN 978-3-8310-4681-2

DK
www.dk-verlag.de